Autumn

中国名著简读系列
Abridged Chinese Classic Series

巴　金　原著

施光亨
　　　　改写、注释
卢晓逸

鲁健骥　注释英译

学语教学出版社
SINOLINGUA

First Edition   1987

Second Edition   2008

ISBN 978-7-80200-393-4

Copyright 2008 by Sinolingua

Published by Sinolingua

24 Baiwanzhuang Road, Beijing 100037, China

Tel: (86)10-68320585

Fax: (86)10-68326333

http: //www.sinolingua.com.cn

E-mail: fxb@sinolingua.com.cn

Printed by Beijing Foreign Languages Printing House

Distributed by China International Book Trading Corporation

35 Chegongzhuang Xilu, P.O. Box 399

Beijing 100044, China

Printed in the People's Republic of China

简　介

　　长篇小说《秋》是中国现代文学巨匠巴金的代表作《激流三部曲》的最后一部,写于 1940 年。像《家》《春》一样,作者把满腔的愤怒和谴责的矛头对准着封建制度和它的代表人物。不同的是,《家》的矛头对着高老太爷和冯乐山,《春》的矛头对着冯乐山和周伯涛,《秋》的矛头则针对着周伯涛和高克明。人们看到专横、残忍而无能的周伯涛主宰着周公馆的一切,蕙的惨死没有唤起他起码的人性。他在轻率地断送了他的女儿之后,又把唯一的儿子——枚送进了封建礼教的屠场。在高公馆里,高克明这个高老太爷之后的一家之主,相比之下是软弱多了,他的兄长之尊显然已无力制止两个兄弟的胡作非为。封建阶级固有的罪恶冲破了虚伪的礼教的约束,在这个大家庭里泛滥;高克明本人被活活气死、公馆被出卖是这种泛滥的必然结果。

　　在年轻一代中,一些人,如枚、淑贞,还有缩写本中没有提到的丫头们,在封建礼教的残害和奴役下,自觉不自觉地继续做着旧制度的殉葬品或牺牲品。另一些人则在大家庭的没落和离析中一步步觉醒起来,他们宁可与"长辈"们发生冲突甚至决裂,也不肯俯首听命。他们的斗争取得了初步的胜利:觉民和琴幸福地结合了,淑华进了学堂……"秋天过了,春天就会来的",作者借琴的话,深情地表达了他对新的社会、新的制度的期待和向往。

　　《秋》全书四十余万字，缩写本约四万字，体例同《家》、《春》。缩写本《家》、《春》已出过的生词、注释，本书没有再出。改写时我们力求做到忠实原作，文字浅显。为方便阅读，本书除正文外，还配有英语翻译的生词、注释，以及有助于读者理解作品内容的思考题。本书可供初步掌握基础汉语知识的外国读者继续学习汉语使用。

　　本书的改写工作得到了巴金先生的大力支持。他在百忙之中亲自审阅了缩写本的油印稿，并作了修改。我们谨表示衷心的感谢。

　　本书1987年由华语教学出版社出版。2008年在保留原文字的基础上增加了全文拼音标注，并把生词安排在正文页之侧，便于对照。

编　者

2008 年 1 月

目录

Autumn
Contents

《秋》人物关系表

（括弧中是简写本未出现的人或未使用的名字）

周老太太
- 大舅:周伯涛　舅母:陈氏
  - 女:蕙
  - 婿:郑国光
  - 子:枚
  - 媳:冯文英
- （姨妈:钱太太）—— 女:梅（钱梅芬）

高老太爷　陈姨太
- [长房]（大老爷:克文）　大太太:周氏
  - 大少爷:觉新
  - 大少奶奶:李瑞珏 —— 海儿（海臣）
  - 续弦:翠环（原为三房丫环）
  - 二少爷:觉民　　　　何嫂
  - 三少爷:觉慧　　　　（鸣凤）
  - （大小姐:淑蓉）　　绮霞
  - 三小姐:淑华
- [二房]
- [三房] 三老爷:克明　三太太:张氏
  - 二小姐:淑英
  - 四少爷:（觉英）　　翠环
  - 七少爷:（觉人）
  - 八小姐:（××）
- [四房] 四老爷:克安　四太太:王氏　小旦:张碧秀
  - 五少爷:（觉群）
  - （六小姐:淑芬）
  - 六少爷:觉世　　　倩儿
  - （八少爷:觉先）
  - （七小姐:淑芳）
- [五房] 五老爷:克定　五太太:沈氏　五姨太:喜姑娘　妓女:礼拜一
  - 四小姐:淑贞　　　春兰
  - （九少爷:××）
- 姑母:张太太 —— 女:琴（张蕴华）

冯老太爷:冯乐山（孔教会长,高老太爷的好友）
（冯老太太）
（姨太太:婉儿）　　　—侄孙女:冯文英

"Èr mèi zǒu hòu, sān bà juéde diū le liǎn, xīnzhōng
"二妹走后，三爸觉得丢了脸，心中

fēicháng bú tòngkuài.　Búguò,　jìnlái　tā hǎoxiàng yǒuxiē hòu-
非常不痛快。不过，近来他好像有些后

huǐ,　dàn réng zuòchū yánlì de yàngzi,　bùkěn　ràngbù,
悔，但仍做出严厉的样子，不肯让步 1，

yě bùxǔ biéren zài tā miànqián tíqǐ　èr mèi. Wǒ xiǎng,
也不许别人在他面前提 2 起二妹。我想，

zài guò xiē shíhou,　tā yěxǔ　huì ruǎn　xià xīn lái.　Wǒ jìn-
再过些时候，他也许会软 3 下心来。我近

lái shízài　pífá de hěn,　yùdào de quán shì bù　rúyì
来实在疲乏得很，遇到的全是不如意 4

de shìqing.　Zì Hǎi'ér sǐhòu,　nèixīn　shífēn tòngkǔ.
的事情。自海儿死后，内心 5 十分痛苦。

Wèibìng　yě shícháng fùfā.
胃病 6 也时常复发 7。

"Shēnyè wúliáo,　wǒ xiǎngqǐ nǐmen,　xiǎngqǐ sǐ-
"深夜无聊 8，我想起你们，想起死

qù de fùqin jí nǐ dàsǎo,　Hǎi'ér hé Méi biǎomèi,　Huì
去的父亲及你大嫂、海儿和梅表妹、蕙

biǎomèi děng, zhēn shì　bǎigǎn-jiāojí..."
表妹等，真是百感交集 9……"

Gāo Juéxīn　xiědào zhèlǐ,　shǒu wēiwēi de dǒu qǐ-
高觉新 10 写到这里，手微微地抖起

1. 让步: to give in
2. 提: to mention
3. 软: soft
4. 如意: as one wishes
5. 内心: heart
6. 胃病: stomach trouble
7. 复发: to recur
8. 无聊: listless, bored
9. 百感交集: all sorts of feelings well up in one's heart
10. 高觉新: Gao Juexin, name

1

lái. Tā yě bù xiǎng zài xiě xiàqù. Tā juéde yǎn huā le.
来。他也不想再写下去。他觉得眼花了。

"Dà gē." Gāo Juémín zhànzài Juéxīn de pángbiān,
"大哥。"高觉民¹站在觉新的旁边，

bǎ shǒu fàng zài tā de jiāntóu, tóngqíng de shuō: "Nǐ hái
把手放在他的肩头，同情地说："你还

xiǎng nàxiē shì zuò shénme? Nǐ zìjǐ shēntǐ yàojǐn."
想那些事做什么？你自己身体要紧。"

Tā yǐjīng kànjiànle xìnzhǐ shàngmian nà jǐ háng zì.
他已经看见了信纸上面那几行²字。

Juéxīn táiqǐ tou, yì bǎ zhuāzhù Juémín de shǒu,
觉新抬起头，一把抓住觉民的手，

tòngkǔ de duì Juémín shuō: "Èr dì, nǐ jiào wǒ zěn-
痛苦地对觉民说："二弟，你叫我怎

me bàn?"
么办？"

Juémín bù liǎojiě Juéxīn de xīnqíng, zhǐshì wēnhé
觉民不了解³觉新的心情，只是温和

de quàn: "Dà gē, nǐ bù gāi dào xiànzài háishi zhème
地劝："大哥，你不该到现在还是这么

jīdòng. Nǐ tài kǔ le."
激动。你太苦了。"

"Wǒ shì shòu de kǔ de, zhǐshì tāmen bù gāi jiào wǒ
"我是受得苦的，只是他们不该叫我

zuò zhè jiàn shì." Juéxīn zhòuzhe méitóu shuō.
做这件事。"觉新皱着眉头说。

"Nǐ shuō de shì shénme shì?" Juémín jīngyì
"你说的是什么事？"觉民惊异⁴

de wèn.
地问。

1. 高觉民：Gao Juemin, name
2. 行：will do
3. 了解：to understand
4. 惊异：amazed

"Tāmen yào wǒ xùxián. Juéxīn duǎnduǎn de
"他们要我续弦❶。"觉新短短地
huídá.
回答。

"Zhè shì nǐ zìjǐ de shì, gēn tāmen yǒu shénme
"这是你自己的事,跟他们有什么
xiānggān?" Juémín fènnù de shuō. Tā zǒudào Juéxīn duì-
相干¹?"觉民愤怒地说。他走到觉新对
miàn nàbǎ kào chuāng de téngyǐ qián, zuò xiàlái.
面那把靠窗的藤椅前,坐下来。

"Dà gē, nǐ zài jié yí cì hūn yě hǎo. Nǐ tài jì-
"大哥,你再结一次婚也好。你太寂
mò le, nǐ zhǐyǒu gūlínglíng de yí gè rén!" Juémín hū-
寞了,你只有孤零零的一个人!"觉民忽
rán yòu zhàn qǐlái shuō.
然又站起来说。

"Zhè bù xíng, Zhè bù xíng! Wǒ bù néng zuò zhè zhǒng
"这不行,这不行!我不能做这种
shì!" Juémín hǎoxiàng tīngjiànle shénme bú rù ěr de
事!"觉民好像听见了什么不入耳的
huà, liánmáng yáotóu shuō.
话❷,连忙摇头说。

Juémín zhùyì de kànzhe tā de gēge. Tā juéde
觉民注意地看着他的哥哥。他觉得
tā jìnlái lǎo duō le. Tā bùjīn xiǎngdào Juéxīn zài zhèxiē
他近来老多了。他不禁²想到觉新在这些
nián zhōng de zāoyù, chōngmǎn yǒu'ài de duì Juéxīn shuō:
年中的遭遇,充满友爱³地对觉新说:

"Dà gē, zhè jǐ nián wǒmen zhǐ gù zìjǐ shénme
"大哥,这几年我们只顾⁴自己,什么

1. 相干: to have sth. to do with
2. 不禁: cannot refrain from
3. 友爱: friendship
4. 顾: to care; to look after

3

shì dōu kǔle nǐ. Nǐ yīnggāi àixī zìjǐ cái shì. Wǒ
事都苦了你。你应该爱惜¹自己才是。我

yǐhòu yídìng yào gěi nǐ bāngmáng."
以后一定要给你帮忙²。"

Juéxīn niēzhù Juémín de shǒu, gǎndòng de shuō:
觉新捏³住觉民的手，感动地说：

"Èr dì, wǒ gǎnxiè nǐ. Wǒ míngbai nǐ de hǎoyì. Nǐ
"二弟，我感谢你。我明白你的好意⁴。你

zìjǐ hǎohāor nǔlì ba. Wǒ shì méiyǒu xīwàng de le.
自己好好儿努力吧。我是没有希望的了。

Wǒ zhīdào wǒ de mìng shì zhèyàng."
我知道我的命是这样。"

"Nǐ bù néng xiāngxìn mìng, nǐ yīnggāi zhīdào zhè bú
"你不能相信命，你应该知道这不

shì mìngyùn!" Juémín fǎnbó dào.
是命运！"觉民反驳道。

"Búguò, wǒ hái yǒu shénme bié de bànfǎ? Zhè jǐ
"不过，我还有什么别的办法？这几

nián nǐmen dōu kànjiàn..."
年你们都看见……"

Guòqù de shìqing, xiànzài búyào guǎn tā. Yǐhòu
"过去的事情，现在不要管它。以后

de shì bù néng shuō méiyǒu bànfǎ. Nǐ yīnggāi..."
的事不能说没有办法。你应该……"

"Yǐhòu? Nǐ kàn wǒ yǐhòu yòu néng yǒu shénme xī-
"以后？你看我以后又能有什么希

wàng?" Juéxīn yáotóu kǔxiào dào.
望？"觉新摇头苦笑道。

1. **爱惜**: to take care of
2. **帮忙**: to help
3. **捏**: to hold
4. **好意**: kindness

4

Tips

❶ 续弦：To remarry after the death of one's wife.
❷ 不入耳的话：Words unpleasant to the ear.

Questions

1. 淑英走后,克明的态度有些什么变化?
2. 觉新说起话来,为什么那么激动?

秋

二、枚

"Méi biǎodì yào jiéhūn?" Juéxīn jīngyí de

"枚¹表弟要结婚？"觉新惊疑地

wèndào.

问道。

Méi biǎodì shì Juéxīn dà jiù Zhōu Bótāo de érzi,

枚表弟是觉新大舅周伯涛²的儿子、

sǐqù de Huì de dìdi, jīnnián cái shíqī suì. Shūhuá

死去的蕙的弟弟，今年才十七岁。淑华³

láidào Juéxīn de fángjiān, gēn zhèngzài shuōhuà de Juéxīn,

来到觉新的房间，跟正在说话的觉新、

Juémín dǎle ge zhāohu, zhuǎn guòlái gàosu Juéxīn

觉民打了个招呼，转过来告诉觉新

zhège xiāoxi, bìng shuō: "Mā yào nǐ qù, yīnwèi dà jiù

这个消息，并说："妈要你去，因为大舅

yòu yào qǐng nǐ bāngmáng." Juéxīn tīng le, bùjīn shífēn

又要请你帮忙。"觉新听了，不禁十分

jīngyà.

惊讶。

"Shì. Rìqī hái méiyǒu dìng, búguò yě hěn kuài.

"是。日期⁴还没有定，不过也很快。

Jiù yào xiàdìng le. Wǒ juéde dà jiù hěn gǔguài, Méi biǎo

就要下定了。我觉得大舅很古怪，枚表

dì niánjì zhèyàng xiǎo, shēntǐ yòu bù hǎo, bú ràng tā hǎo

弟年纪这样小，身体又不好，不让他好

6

1. 枚：Mei, name

2. 周伯涛：Zhou Buo-tao, name

3. 淑华：Shuhua, name

4. 日期：date

hāor dúshū, què jiào tā jiéhūn. Tīngshuō xīnniáng jīnnián
好儿读书，却叫他结婚。听说新娘¹今年

èrshíyī suì." Shūhuá bùyǐwéirán de shuō.
二十一岁。"淑华不以为然²地说。

Juéxīn xiōngmèi láidào tāmen de jìmǔ Zhōushì de
觉新兄妹来到他们的继母周氏³的

fángjiān, Zhōushì yòu gàosu tāmen: "Nǐmen Méi biǎodì
房间，周氏又告诉他们："你们枚表弟

de qīnshì yòu shì nǐmen dà jiù zuòzhǔ. Wàipó yě niùbu-
的亲事又是你们大舅做主。外婆也拗不

guò tā."
过⁴他。"

"Tīngshuō xīnniángzi bǐ Méi biǎodì dà sì suì." Jué-
"听说新娘子比枚表弟大四岁。"觉

xīn xiōngmèi dōu bú zànchéng zhè jiàn qīnshì, rán'ér Juéxīn
新兄妹都不赞成这件亲事，然而⁵觉新

zhǐshì wéiwéi de yīngzhe, Juémín lùchū bùyǐwéirán de
只是唯唯地应着，觉民露出不以为然的

biǎoqíng, zhǐyǒu Shūhuá shuōchū zhè jù bù mǎnyì de huà.
表情，只有淑华说出这句不满意⁶的话。

"Suī shuō dà sì suì, búguò liǎng gè rén de bāzì ❶
"虽说大四岁，不过两个人的八字❶

dào hěn héshì. Pī bāzì de shuō zhè mén qīnshì dàjí-
倒很合适⁷。批八字的说这门亲事大吉

dàlì, suǒyǐ wàipó yě zànchéng le." Zhōushì shuō, tā
大利⁸，所以外婆也赞成了。"周氏说，她

dào xiàng shì zài tì tā de gēge biànhù le.
倒像是在替她的哥哥辩护⁹了。

"Mā xiǎo bu xiǎode nǚ jiā qíngxing zěnme yàng?
"妈晓不晓得¹⁰女家情形¹¹怎么样?

1. 新娘(子): bride
2. 不以为然: indifferent
3. 周氏: Ms Zhou, name
4. 拗不过: unable to dissuade
5. 然而: however
6. 满意: satisfaction
7. 合适: suitable
8. 大吉大利: greatly auspicious
9. 辩护: to speak in defence of
10. 晓得: to know
11. 情形: state of affairs

7

wǒ zǒng bù míngbai wèi shénme dà jiù bù gěi Méi biǎodì zhǎo
我总不明白为什么大舅不给枚表弟找

yí gè niánjì xiāngdāng de biǎodì xífù. Méi biǎodì xiàn-
一个年纪相当 [1] 的表弟媳妇。枚表弟现

zài niánjì yě bù zěnme dà, yòu hébì zhèyàng zháojí?"
在年纪也不怎么大，又何必这样着急？”

Shūhuá réngjiù bù fúqì de shuō.
淑华仍旧不服气 [2] 地说。

Zhōushì tīng le, dài diǎn zébèi de kǒuqì duì Shūhuá
周氏听了，带点责备的口气 [3] 对淑华

shuō: "Sān nǚ, nǐ de huà zìrán yǒu dàolǐ. Búguò, nǐ
说：“三女，你的话自然有道理。不过，你

xiǎojiě jiā shuō zhè zhǒng huà, gěi wàirén tīngjiàn huì xiàosǐ
小姐家说这种话，给外人听见会笑死

de." Jiēzhe tā yòu shuō: "Nǐ dà jiù zhège rén gǔbǎn
的。”接着她又说：“你大舅这个人古板 [4]

de hěn, jiǎnzhí shuō bu tōng. Zhè yì huí Féng jiā xiǎojiě
得很，简直说不通 [5]。这一回冯 [6] 家小姐

yòu shì tā kànshàng de. Dà jiù zuì qīnpèi Féng jiā de dào-
又是他看上的。大舅最钦佩 [7] 冯家的道

dé xuéwen."
德 [8] 学问 [9]。”

"Féng jiā?" Juémín jīngyí de zìyǔ dào. Tā mǎ-
“冯家？”觉民惊疑地自语道。他马

shàng jiù cāidào xīnniángzi shì shénme rén le. Juéxīn
上就猜 [10] 到新娘子是什么人了。觉新

diàotóu kànle tā yì yǎn, tā yě cāidào xīnniángzi shì
掉 [11] 头看了他一眼，他也猜到新娘子是

shéi, biàn huí guò tóu qù, jìxù tīng Zhōushì jiǎnghuà.
谁，便回过头去，继续听周氏讲话。

1. **相当**: suitable
2. **服气**: to be convinced
3. **口气**: tone
4. **古板**: inflexible
5. **说不通**: cannot persuade (a person)
6. **冯**: Feng, name
7. **钦佩**: admire
8. **道德**: moral
9. **学问**: learning
10. **猜**: to guess
11. **掉(头)**: to turn (one's head)

Nǐ zìjǐ de shì zěnyàng ānpái? Gāngcái sān shěn lái
"你自己的事怎样安排？刚才三婶来

hái tánqǐguò."
还谈起过。"

"Wǒ ma," Juéxīn bù dīfáng huì tándào tā zìjǐ
"我嘛，"觉新不提防会谈到他自己

shēnshang, lüèwēi wéinán de dádào, "Wǒ kàn kěyǐ
身上，略微 [1] 为难地答道，"我看可以

cónghuǎn."
从缓 [2]。"

"Gāngcái sān shěn shuō, sān bà yào wǒ quànquàn nǐ, nǐ
"刚才三婶说，三爸要我劝劝你，你

xiànzài fúsāng yě kuài mǎn le." Zhōushì bù zhīdào tā de
现在服丧❷也快满了。"周氏不知道她的

huà zài Juéxīn de xīn shang chǎnshēngle shénme yǐngxiǎng,
话在觉新的心上产生了什么影响 [3]，

zhǐgù zìjǐ shuōhuà.
只顾自己说话。

"Mā, wǒ dōu zhīdào. Búguò wǒ xiànzài hái xiǎngzhe
"妈，我都知道。不过我现在还想着

Ruìjué. Wǒ bù rěnxīn xiǎng xùxián de shì." Juéxīn bù
瑞珏 [4]。我不忍心想续弦的事。"觉新不

děng Zhōushì shuōwán, jiù bèngchū kū shēng lái, wūyè de
等周氏说完，就迸出哭声来，呜咽地

shuōle shàngmian de huà.
说了上面的话。

Juéxīn huídào zìjǐ de fáng li, yòu zài xìn shang jì-
觉新回到自己的房里，又在信上继

xù xiě dào:
续写道：

1. 略微: slightly
2. 从缓: to postpone for a while
3. 影响: influence
4. 瑞珏: Ruijue, name

"Méi biǎodì kuài yào jiéhūn le.　Xīnniángzi bǐ tā dà
"枚 表 弟 快 要 结 婚 了。新 娘 子 比 他 大

sì suì,　jiùshi Féng jiā de xiǎojiě.　Zhè yòu shì dà jiù yí
四 岁 ， 就 是 冯 家 的 小 姐。这 又 是 大 舅 一

gè rén de yìsi.
个 人 的 意 思。

"Huì biǎomèi de qīnshì jiùshì dà jiù yí gè rén zuò
"蕙 表 妹 的 亲 事 就 是 大 舅 一 个 人 做

de zhǔ.　Huì biǎomèi sǐ hòu, Zhèng jiā zhìjīn shàng wú ān-
的 主。蕙 表 妹 死 后 ， 郑 家 至 今 ¹ 尚 ² 无 安

zàng de yìsi,　dà jiù yě zhìzhǐ-búwèn.　Wàipó tā-
葬 ³ 的 意 思 ， 大 舅 也 置 之 不 问 ⁴。外 婆 她

men suīrán bù mǎnyì Zhèng jiā de zhèzhǒng zuòfǎ,　dànshì
们 虽 然 不 满 意 郑 家 的 这 种 做 法 ， 但 是

dà jiù bù kěn zuòzhǔ chūlái jiāoshè,　wàipó yě ná tā méi-
大 舅 不 肯 做 主 出 来 交 涉 ， 外 婆 也 拿 他 没

yǒu bànfǎ.　Huì biǎomèi zhēn kělián,　sǐ hòu jìng wú zàngshēn
有 办 法。蕙 表 妹 真 可 怜 ， 死 后 竟 无 葬 身

zhī dì."
之 地 ⁵。"

Tā méiyǒu tídào tā zìjǐ de shì.
他 没 有 提 到 他 自 己 的 事。

1. **至今**：up to know
2. **尚**：yet, still
3. **安葬**：to bury (a dead person)
4. **置之不问**：to ignore
5. **葬身之地**：burial place

10

Tips

❶ 八字: This refers to the "Eight Characters" used traditionally to indicate the year, month, day and hour of a person's birth. The eight characters are in four pairs, each pair consisting of one Heavenly Stem and one Earthly Branch. Formerly, superstitious people believed that a person's fortune could be inferred from his "Eight Characters". This is known as analysing the "Eight Characters".

❷ 服丧: The original meaning of 丧服 is "mourning costume", but here it refers to the mourning period. 服丧快满: The mourning period is nearly over; 服丧未满: The mourning period has not yet finished. 满服: The mourning period has finished.

Questions

1. 为什么觉新兄妹都不赞成枚的婚事?人们对这件事的态度各有什么不同?
2. 觉新在信中为什么没有提到自己?

三、偷卖字画

Chūle shì le.
出了事了。

Kèmíng zhèngzài huāyuán hé shuǐgé li shěnwèn
克明[1]正在花园和水阁❶里审问[2]

tā wǔ dì Kèdìng de púrén. Kèmíng, Kè'ān hé Jué-
他五弟克定[3]的仆人。克明、克安[4]和觉

xīn, Juémín xiōngdì zuò zài sìbiān, Kèdìng de púrén chuí-
新、觉民兄弟坐在四边,克定的仆人垂

zhe tóu zhàn zài wūjiǎo. Kèdìng bú zài, Kèmíng yǐ pài rén
着头站在屋角。克定不在,克明已派人

zhǎo qù le.
找去了。

"Huí sān lǎoye, xiǎode shuō de quán shì zhēnhuà.
"回三老爷,小的❷说的全是真话。

Ruò yǒu xūjiǎ, rènpíng sān lǎoye chǔfá." Púrén zháo-
若有虚假[5],任凭[6]三老爷处罚。"仆人着

jí de shuō.
急地说。

"Nǐ zhīdào zhě shì zuò bu de, nǐ zhīdào zhè shì fàn-
"你知道这事做不得,你知道这是犯

fǎ ma?" Kèmíng zhuīwèn dào.
法[7]吗?"克明追问[8]道。

"Xiǎode bù xiǎode. Xiǎode méi zuòcuò. Wǔ lǎoye
"小的不晓得。小的没做错。五老爷

1. 克明：Keming, name

2. 审问：to question; to interrogate

3. 克定：Keding, name

4. 克安：Ke'an, name

5. 虚假：untrue

6. 任凭：at one's discretion

7. 犯法：to break the law

8. 追问：to question more closely

fēnfù   xiǎode zuò de."   Púrén dǎnxiǎo   de huídá.
吩咐 小 的 做 的 。 ”仆人 胆小 [1] 地 回答 。

"Nàme   zǎo wèn nǐ,   nǐ wèi shénme yòu bù kěn
“那么 早 问 你 , 你 为 什么 又 不 肯 [2]

shuō?"   Kè'ān chāzuǐ wènle yí jù.
说 ？ ”克安 插嘴 问 了 一 句 。

"Wǔ lǎoye bù zhǔn   xiǎode shuō."   Púrén   táobì
“五 老爷 不 准 [3] 小 的 说 。 ”仆人 逃避

de shuō.
地 说 。

"Nǐ zhīdào màile duōshao qián?"   Kèmíng wèndào.
“你 知道 卖 了 多少 钱 ？ ”克明 问道 。

"Tīngshuō sānshí duō kuài qián."   Púrén dádào.
“听说 三十 多 块 钱 。 ”仆人 答道 。

Zài pángbiān tīngzhe de Shūzhēn   de liǎnsè   tūrán biàn
在 旁边 听着 的 淑贞 [4] 的 脸色 [5] 突然 变

le.   Tā dī shēng duì Shūhuá shuō: "Sān jiě, wǒmen chū-
了 。 她 低声 对 淑华 说 : “三 姐 , 我们 出

qù."   Shūhuá zhīdào tā de xīnqíng,   jiù péi tā zǒu le.
去 。 ”淑华 知道 她 的 心情 [6] , 就 陪 她 走 了 。

"Sān gē,   bú yòng wèn le.   Yídìng shì wǔ dì náqù
“三哥 , 不 用 问 了 。 一定 是 五弟 拿 去

mài de.   Bǎ tā zhǐ Kèdìng de púrén   sòngdào jǐngchájú
卖 的 。把 他 (指 克定 的 仆人) 送 到 警察局 [7]

qù ba."   Kè'ān tíyì shuō.
去 吧 。 ”克安 提议 说 。

Juéxīn juéde púrén yǒuxiē yuānwang, biàn zài páng-
觉新 觉得 仆人 有些 冤枉 [8] , 便 在 旁

biān jiē kǒu shuō: "Dōngxi yòu bú shì tā ná de, yě bú-
边 接口 [9] 说 : “东西 又 不 是 他 拿 的 , 也 不

1. 胆小 : timid
2. 肯 : would; be willing to
3. 准 : to permit
4. 淑贞 : Shuzhen, name
5. 脸色 : facial expression
6. 心情 : feeling, heart
7. 警察局 : police station
8. 冤枉 : to be wronged
9. 接口 : to take up (a topic)

bì sòng tā dào jǐngchájú qù le."
必¹送他到警察局去了。"

Zhèng shuōzhe, Kèdìng mǎnmiànchūnfēng de zǒu le jìn-
正说着，克定满面春风²地走了进

lái. "Sān gē, nǐ zhǎo wǒ yǒu shénme shì?" Tā tǎnrán
来。"三哥，你找我有什么事？"他坦然³

de wèndào.
地问道。

Kèmíng bǎnzhe miànkǒng bù cǎi tā. Kèdìng ruòwú-
克明板着面孔不睬⁴他。克定若无

qíshì de zài Kè'ān pángbiān de yì bǎ yǐzi shang zuò
其事地在克安旁边的一把椅子上坐

xiàlái.
下来。

"Wǔ dì, nà fú lìshū dāntiáo nǎr qù
"五弟，那幅⁵隶书❸单条❹哪儿去

le?" Kèmíng bù gāoxìng de wènle yí jù.
了？"克明不高兴地问了一句。

"Yuánlái shì wèn nà fú lìshū dāntiáo. Wǒ náqù
"原来是问那幅隶书单条。我拿去

mài le. Yí gè péngyou xǐhuan tā, xiàng wǒ mǎi." Kèdìng
卖了。一个朋友喜欢它，向我买。"克定

huídá shuō, tā yìdiǎnr yě bù nánwéiqíng.
回答说，他一点儿也不难为情⁶。

"Wǒmen Gāo jiā méiyǒu zhè zhǒng guīju! Diē xīnxīn-
"我们高家没有这种规矩！爹辛辛

kǔkǔ sōují lái de zìhuà, wǒmen yǐjīng fēnguò yí cì
苦苦搜集来的字画，我们已经分过一次

le. Zhǐ shèngxià zhè shí duō fú, zhè shì jìniànpǐn. Nǐ
了。只剩下这十多幅，这是纪念品⁷。你

1. 不必：there is no need to

2. 满面春风：radiant with happiness

3. 坦然：calm

4. 睬：to take notice of

5. 幅：a measure word for pictures, etc.

6. 难为情：ashamed

7. 纪念品：souvenir

bù néng suíbiàn ná chūqù màidiào! " Kèmíng pāizhe zhuō-
不能随便¹拿出去卖掉！"克明拍²着桌

zi màdào.
子骂道。

"Xiànzài yǐjīng mài le, wǒ péichū èrshí kuài qián
"现在已经卖了，我赔³出二十块钱

jiù shì le. Měi rén dé wǔ kuài qián." Kèdìng yǒu xiē
就是了。每人得五块钱。"克定有些

jīnghuáng, dànshì tā jílì zhuāngchū bìng bú hàipà de
惊惶，但是他极力装出并不害怕的

yàngzi
样子。

Kè'ān mǎnyì de diǎn yí xià tóu.
克安满意地点一下头。

"Nǎge yào nǐ de qián? Nǐ bǎ dōngxi ná huí-
"哪个要你的钱？你把东西拿回

lái." Kèmíng mìnglìng de shuō.
来。"克明命令地说。

Kèdìng yìshēng-bùxiǎng, Kèmíng de huà shì tā méi-
克定一声不响，克明的话是他没

yǒu liàodào de.
有料到⁴的。

"Yǒu hǎo jǐ jiàn shìqing wǒ dōu méiyǒu guǎn nǐ, bǎ
"有好几件事情我都没有管你，把

nǐ fàngzòng guàn le." Kèmíng jìxù chìzé Kèdìng
你放纵⁵惯⁶了。"克明继续斥责克定

dào, "Nǐ búyào yǐwéi wǒ pà nǐ. Wǒ duì nǐ shuō, nǐ
道，"你不要以为我怕你。我对你说，你

bù bǎ dōngxi qǔ huílái, wǒ yào zài diē de páiwèi miàn-
不把东西取回来，我要在爹的牌位❺面

1. 随便: casually
2. 拍: to slap
3. 赔: to compensate
4. 料到: to expect
5. 放纵: to indulge
6. 惯: in the habit of

qián hǎohāor de jiàoxùn nǐ yí dùn. Zhè yì huí wǒ bù néng
前好好儿地教训你一顿。这一回我不能

zài zòngróng nǐ!"
再纵容你!"

Kèdìng réngrán bù xiǎng, tā de liǎnsè jiànjiàn de zài
克定仍然不响,他的脸色渐渐地在

gǎibiàn, lùchū yìdiǎn zhānghuángshīcuò de yàngzi.
改变,露出一点张皇失措 [1] 的样子。

"Wǔ dì, tīngjiàn méiyǒu? Nǐ qù bu qù bǎ dōngxi
"五弟,听见没有?你去不去把东西

ná huílái?... Wǒ méiyǒu jīngshen gēn nǐ duō jiǎng. Wǒ-
拿回来?……我没有精神 [2] 跟你多讲。我

men dào tángwū li qù!" Kèmíng xiàle juéxīn, dàizhe
们到堂屋里去!"克明下了决心,带着

shífēn yánsù de biǎoqíng zhàn qǐlái, xiàngzhe Kèdìng
十分严肃 [3] 的表情 [4] 站起来,向着克定

zǒuqù.
走去。

"Wǒ qù qǔ, wǒ jiù qù qǔ huílái." Kèdìng yǒu
"我去取,我就去取回来。"克定有

xiē dǎnqiè, dànshì méiyǒu yìdiǎn xiūcán de biǎoqíng. Tā
些胆怯 [5],但是没有一点羞惭的表情。他

bù xiǎng duō liú zài zhèlǐ, biàn shuō: "Wǒ xiànzài jiù qù
不想多留在这里,便说:"我现在就去

ná." Jiēzhe biàn fēnfù tā de púrén yùbèi jiàozi.
拿。"接着便吩咐他的仆人预备轿子。

"Wǒ yǐjīng bǎ tā kāichú le." Kèmíng dào.
"我已经把他开除 [6] 了。"克明道。

"Nà yòu hébì ne?" Kèdìng péixiào shuō.
"那又何必呢?"克定赔笑 [7] 说。

1. 张皇失措: in a flurry of alarm

2. 精神: spirit, energy

3. 严肃: serious

4. 表情: expression

5. 胆怯: timid

6. 开除: to expel; to fire

7. 赔笑: to smile obsequiously

秋
Autumn

"Sān gē, zìhuà jìrán ná huílái, jiù búbì kāi-
"三哥，字画既然拿回来，就不必开

xiāo tā le." Kè'ān yòu gǎibiàn tàidù, shùnzhe Kèdìng
消¹他了。"克安又改变态度，顺着克定

de yìsi qiúqíng dào.
的意思求情²道。

Kèmíng xīnli hěn bú tòngkuài, tànle yì kǒu qì,
克明心里很不痛快，叹了一口气，

shuō: "Hǎo, nǐmen qù ba. Wǒ xiǎng xiūxi yíhuìr."
说："好，你们去吧。我想休息一会儿。"

Kèdìng bābude yǒu zhè yí jù huà, lìkè liū chū-
克定巴不得³有这一句话，立刻溜出

qù le. Kè'ān yě zǒule chūqù. Fáng li zhǐ shèngxià Kè-
去了。克安也走了出去。房里只剩下克

míng hé Juéxīn xiōngdì.
明和觉新兄弟。

Kèmíng késoule jǐ shēng, chuǎnxūxū de shuō:
克明咳嗽了几声，喘吁吁地说：

"Wǒ bú bìng sǐ, yě huì qì sǐ."
"我不病死，也会气死。"

1. 开消：to expel
2. 求情：to intercede
3. 巴不得：eagerly

Tips

❶ 水阁：A pavilion or tower by the water, usually with partition, railing or winding corridor around it from where one can look into the distance when taking a rest.

❷ 小的：This is used by a servant referring to himself when speaking to his master to express humbleness.

❸ 隶书：The official style of calligraphy in ancient times. It was started during the Qin Dynasty and became popular during the Han and Wei dynasties.

❹ 单条：A long vertical scroll of calligraphy or traditional Chinese painting.

❺ 牌位：A wooden tablet inscribed with the name of the deceased for worshipping.

Questions

1. 当克明审问他五弟克定的仆人的时候,在一旁听着的淑贞为什么突然变了脸色?

2. 在对待克定偷卖字画的问题上,克明、克安和克定自己各持什么态度?

Gāo jiā jǐ ge niánqīngrén cāi de wánquán duì: Méi wèi-
高家几个年轻人猜得完全对：枚未

lái de xīnniángzi Féng xiǎojiě jiùshì Féng Lèshān de zhísūn-
来的新娘子冯小姐就是冯乐山[1]的侄孙

nǚ, míng jiào Wényīng, jīnnián èrshíyī suì. Zhè wèi Féng
女，名叫文英[2]，今年二十一岁。这位冯

xiǎojiě běnlái yóu Gāo lǎotàiyé zuòzhǔ yào gěi Juémín zuò èr
小姐本来由高老太爷做主要给觉民做二

shàonǎinai de, Juémín bú yuànyì, táole hūn, qīnshì
少奶奶的，觉民不愿意，逃了婚，亲事

biàn méiyǒu chénggōng. Juéxīn de dà jiù wángù de yào wèi
便没有成功。觉新的大舅顽固[3]地要为

Méi qǔ Féng xiǎojiě, lǐyóu gēn Gāo lǎotàiyé yíyàng: Féng
枚娶冯小姐，理由跟高老太爷一样：冯

jiā shì shìdài shūxiāng, shūzǔfù Féng Lèshān shì dāngdài
家是世代书香[4]，叔祖父冯乐山是当代

dàrú. Suǒ bùtóng de shì, zhè cì qīnshì de nán zhǔjué
大儒。所不同的是，这次亲事的男主角[5]

Méi méiyǒu Juémín de jiànshí hé yǒngqì.
枚没有觉民的见识[6]和勇气。

Yì tiān, Méi yóu Juéxīn dàizhe láidào Gāo jiā.
一天，枚由觉新带着来到高家。

Juéxīn wàngzhe Méi de méiyǒu xuèsè de miànróng,
觉新望着枚的没有血色[7]的面容[8]，

1. 冯乐山：Feng Le-
shan, name

2. 文英：Wenying, name

3. 顽固：stubborn

4. 世代书香：to have
literary fame for genera-
tions

5. 主角：leading role

6. 见识：insight

7. 血色：redness of the
skin

8. 面容：face

bēifèn de shuō: "Méi biǎodì, nǐ tài niánqīng le. Nǐ wèi
悲愤 [1] 地说："枚表弟，你太年轻了。你为

shénme yě zhèyàng rèn rén bōnòng?"
什么也这样任人拨弄？"

"Wǒ kàn wǒ zhè duō bàn shì mìng. Shénme dōu yǒu dìng-
"我看我这多半是命。什么都有定

shù. Diē suīrán gùzhi, tā zǒngshì wèi wǒ zuò érzi de
数❶。爹虽然固执，他总是为我做儿子的

zhuóxiǎng. Zhǐ guài wǒ zìjǐ fúbáo." Cóng shíqī suì de
着想 [2]。只怪我自己福薄❷。"从十七岁的

qīngnián kǒu li tǔ chūlái zhèxiē ruǎnruò de huà. Tā shùn-
青年口里吐出来这些软弱的话。他顺

cóng de rěnshòuzhe yí gè wángù de rén de rènxìng, bǎ
从 [3] 地忍受着一个顽固的人的任性 [4]，把

yíqiè quán tuīgěi mìngyùn, qīngqīng de duànsòngle zìjǐ
一切全推给命运，轻轻地断送了自己

de qiánchéng. Zhè shǐde bù dǐkàng zhǔyì zhě Juéxīn yě
的前程。这使得不抵抗主义者觉新也

lüèwēi gǎndào bùmǎn le. Tā hūrán jìqǐ yí gè rén de
略微感到不满了。他忽然记起一个人的

huà: "Méi dì hěn kělián, qǐng nǐ zhàoliào zhàoliào tā."
话："枚弟很可怜，请你照料照料 [5] 他。"

shuō zhè huà de rén yǐ sǐqù yì nián le, tā de língjiù hái
说这话的人已死去一年了，她的灵柩还

fàng zài pòjiù de gǔmiào li, dànshì nà shēnqíng de zhǔtuō
放在破旧的古庙里，但是那深情的嘱托 [6]

zhìjīn hái zài tā ěrbiān piāodàng. Tā yǎnzhēngzhēng de
至今还在他耳边飘荡 [7]。他眼睁睁地

bǎ tā sòngjìnle guāncai, xiànzài tā yòu yǎnkànzhe tā de
把她送进了棺材，现在他又眼看着她的

1. 悲愤: sad and indignant

2. 着想: to think; to be concerned with

3. 顺从: obedient

4. 任性: self-willed

5. 照料: to take care of; to look after

6. 嘱托: to entrust

7. 飘荡: to float

dìdi zǒu tā zǒuguò de lù. "Huì, nǐ yuánliàng wǒ."

弟弟走她走过的路。"蕙，你原谅我。"

Tā zài xīnli mòdǎo, yǎn li hánzhe yí kuàng lèishuǐ. Méi

他在心里默祷[1]，眼里含着一眶泪水。枚

jīngqí de wàngzhe tā, bù zhīdào tā wèi shénme shìqing

惊奇[2]地望着他，不知道他为什么事情

diào lèi.

掉泪。

"Méi biǎodì, nǐ shì zhēnxīn yuànyì ma? Xià xīngqī

"枚表弟，你是真心愿意吗？下星期

jiù yào xiàdìng le." Juéxīn tòngkǔ de wèndào.

就要下定了。"觉新痛苦地问道。

Méi chīdāi de wàngle wàng Juéxīn, tā de liǎn shang

枚痴呆地望了望觉新，他的脸上

bìng méiyǒu shénme tèshū de biǎoqíng. Tā shìhū méiyǒu

并没有什么特殊[3]的表情。他似乎没有

tòngkǔ. Tā máixià tóu qīngqīng de dádào: "Jìrán diē yào

痛苦。他埋下头轻轻地答道："既然爹要

wǒ zhèyàng, wǒ yě bù xiǎng wéi'ào tā de yìsi. Tā nián-

我这样，我也不想违拗[4]他的意思。他年

jì dà, xuéwèn shēn, yěxǔ bú huì cuò, wǒ xiǎng wǒ de

纪大，学问深，也许不会错，我想我的

shēntǐ yǐhòu huì hǎo yìdiǎn."

身体以后会好一点。"

Yuǎnchù chuánlái Shūhuá de gēshēng. Méi de huà zài

远处传来淑华的歌声。枚的话在

zhè gēshēng zhōng xiǎnde shífēn wúlì.

这歌声中显得十分无力。

Zhè dáhuà sìhū shì Juéxīn bú yuànyì tīng de, yòu

这答话似乎是觉新不愿意听的，又

1. 默祷: to say a silent prayer
2. 惊奇: surprised
3. 特殊: special
4. 违拗: to disobey

23

似乎是他愿意听的。他不希望枚说这
样的话，他的心在反抗。他觉得对不起
亡故[1]的蕙。但是他听见枚的答话，又觉
得是枚自己情愿[2]的，他不负任何的责任，
而且现在也没有援助[3]枚的必要[4]了。

"那也好，只要你满意，我们也就
放心了。"觉新放弃[5]了希望似的低声
叹道。

"也说不上满意，这不过是听天由
命罢了。"枚摇摇头，小声答道。

觉新看见一个年轻人孤零零地走着
他过去走过的那条路，这唤起[6]了他的
同情（或者更可以说是怜悯），他鼓起
勇气最后一次努力劝阻[7]道：

"但是你太年轻，你不应该——"

1. **亡故**: to die; to pass away
2. **情愿**: to be willing to
3. **援助**: to help
4. **必要**: need, necessity
5. **放弃**: to give up
6. **唤起**: to arouse
7. **劝阻**: to dissuade

Zhè shí, Shūhuá zǒulái, dà shēng de shuō:
这时，淑华走来，大声地说：

"Dà gē, nǐmen yǒu duōshao huà shuō bù wán? Nǐ bú
"大哥，你们有多少话说不完？你不

chàng ge gē? Méi biǎodì, nǐ yě chàng ge hǎo bu hǎo?"
唱个歌？枚表弟，你也唱个好不好？"

"Wǒ bú huì, Sān biǎojiě, wǒ zhēn bú huì." Méi hóng-
"我不会，三表姐，我真不会。"枚红

zhe liǎn, bù hǎoyìsi de dádào.
着脸，不好意思地答道。

Tiānkōng zhōng xiǎngqǐle liáoliàng de shàozi shēng,
天空中响起了嘹亮¹的哨子²声，

jǐ zhī gēzi fēiguò tāmen de tóu shang. Shūhuá tái
几只鸽子³飞过他们的头上。淑华抬

tóu xiàng tiānkōng wàngqù, tā piējiànle gēzi de bái
头向天空⁴望去，她瞥⁵见了鸽子的白

chìbǎng.
翅膀⁶。

1. 嘹亮：loud and clear
2. 哨子：whistle
3. 鸽子：dove
4. 天空：sky
5. 瞥：to glimpse
6. 翅膀：wing

Tips

❶ 定数：This is a superstition meaning "predestination", i.e. a person's luck and fortune are ordained by his destiny.

❷ 福薄：With no luck or fortune.

Question

1. 枚的新娘子是谁？枚是怎样看待自己的婚事的？

五、人为什么而生

Méi zài Gāo jiā dùguòle yì tiān de guāngyīn. Wǎn-
枚在高家度过 [1] 了一天的光阴 [2]。晚

shang, zài huāyuán li chīle wǎnfàn. Fànzhuō shang, Juéxīn
上，在花园里吃了晚饭。饭桌上，觉新

xiōngmèi hé Qín hējiǔ, huáquán, hěn rènào, Zhōushì,
兄妹和琴 [3] 喝酒、划拳，很热闹，周氏、

Zhāngshì yě cānjiāle niánqīngrén de jùhuì, xìngzhì
张氏 [4] 也参加了年轻人的聚会 [5]，兴致 [6]

hěn gāo. Méi zìshǐ-zhìzhōng hěn shǎo shuōhuà, rénmen jī-
很高。枚自始至终 [7] 很少说话，人们几

hū méiyǒu zhùyì dào tā de cúnzài. Tā xiànmù Gāo jiā de
乎没有注意到他的存在 [8]。他羡慕高家的

xiōngdì-jiěmèimen, dànshì tā píngrì zài jiā jiù bú ài
兄弟姐妹 [9] 们，但是他平日 [10] 在家就不爱

shuōhuà, yīnwèi tā de fùqin bú dà gāoxìng tā duō
说话，因为他的父亲不大高兴他多

shuōhuà.
说话。

Èr gèng luó xiǎng le, Juéxīn sòng Méi chūqù.
二更锣响了，觉新送枚出去。

"Dà biǎogē, wǒ wèn nǐ yí jù huà." Méi hūrán
"大表哥，我问你一句话。"枚忽然

gǔqǐ yǒngqì nièrú de shuō.
鼓起勇气嗫嚅 [11] 地说。

1. 度过：to spend
2. 光阴：time
3. 琴：Qin, name
4. 张氏：Ms Zhang, name
5. 聚会：gathering
6. 兴致：interest
7. 自始至终：from beginning to end
8. 存在：to exist
9. 姐妹：elder and younger sisters
10. 平日：usually
11. 嗫嚅：(speak) haltingly

秋
Autumn

Juéxīn chàyì de kànzhe tā, gǔlì de dádào:
觉新诧异¹地看着他，鼓励地答道：

"Nǐ yǒu huà jǐnguǎn shuō."
"你有话尽管说。"

"Nǐ yídìng zhīdào rén shì wèizhe shénme ér shēng
"你一定知道人是为着什么而生

de. Wǒ xiǎnglái-xiǎngqù zǒng xiǎng bù míngbai. Wǒ bù xiǎo-
的。我想来想去总想不明白。我不晓

de rénshēng yǒu shénme yìsi." Méi chéngkěn de, kǔnǎo
得人生有什么意思。"枚诚恳地、苦恼

de shuō, tā dānxīn tā bù nénggòu yòng yǔyán biǎodá chū
地说，他担心他不能够用语言表达出

zìjǐ zhè shí suǒ xiǎngdào de yíqiè.
自己这时所想到的一切。

Zhège yìwài de wèntí bǎ Juéxīn jiǒngzhù le, tā
这个意外的问题把觉新窘²住了，他

xiǎng bu dào jiùshì tā zài zhémó zhè yì kē bù céng yǒuguò
想不到就是它在折磨这一颗不曾有过

qīngchūn de niánqīng de xīn. Tā duì zhège wèntí yǐjīng shì
青春的年轻的心。他对这个问题已经是

shífēn mòshēng le. Zhèxiē nián lái, tā bù céng xiǎngguò,
十分陌生了。这些年来，他不曾想过，

yě bù gǎn xiǎngdào tā. Rén wèi shénme ér shēng? Rénshēng
也不敢想到它。人为什么而生？人生

yǒu shénme yìsi ne? Tā chǔ zài zhèyàng de huánjìng li,
有什么意思呢？他处在这样的环境里，

tā nénggòu shuō shénme ne?
他能够说什么呢？

1. 诧异: with astonishment

2. 窘: embarrassed

"Wǒ juéde huózhe yě méiyǒu duō dà yìsi. Hǎo-
"我觉得活着也没有多大意思。好

xiàng shénme dōu shì kōng de."　Méi kànjiàn Juéxīn bù jiǎng-
像 [1] 什么都是空 [2] 的。"枚看见觉新不讲

huà, tā cāixiǎng Juéxīn yěxǔ méiyǒu liǎojiě tā de yì-
话，他猜想觉新也许没有了解他的意

si, yòu shuōdào: "Wǒ juéde shénme dōu shì kōng de, rén-
思，又说道："我觉得什么都是空的，人

shēng hǎoxiàng jiùshì kōng de."
生好像就是空的。"

"Kōng! Kōng! Kōng!"　Zhè jǐ gè zì bīpòzhe Jué-
"空！空！空！"这几个字逼迫 [3] 着觉

xīn, tā zhēnzházhe shuō: "Bù! Bù!"
新，他挣扎着说："不！不！"

"Búguò, wǒ juéde méiyǒu shénme shìqing nénggòu
"不过，我觉得没有什么事情能够

shǐ wǒ dǎqǐ jīngshen. Wǒ xiǎng zuò de shì quán méiyǒu zuò-
使我打起精神❶。我想做的事全没有做

guò. Diē yào wǒ zuò lìngwài yìxiē shì. Wǒ xiǎng diē yídìng
过。爹要我做另外一些事。我想爹一定

shì bú cuò de. Búguò wǒ zìjǐ yǒushí yòu hěn tòngkǔ.
是不错的。不过我自己有时又很痛苦。

Wǒ kàn èr biǎogē tāmen gēn wǒ wánquán bùtóng. Tāmen
我看二表哥他们跟我完全不同。他们

gēn wǒ jiǎnzhí shì liǎng zhǒng rén, wǒ chángcháng xiànmù
跟我简直是两种人，我常常羡慕

tāmen."
他们。"

"Nàme, nǐ wèi shénme bù xuéxue èr biǎogē? Nǐ
"那么，你为什么不学学二表哥？你

niánjì qīng, xīwàng dà." Juéxīn tóngqíng de shuō.
年纪轻，希望大。"觉新同情地说。

1. 好像: as if; seemingly
2. 空: empty
3. 逼迫: to compel

"Wǒ zěnme nénggòu xué èr biǎogē? Wǒ zhǐ xiǎode
"我怎么能够学二表哥？我只晓得

diē jiào wǒ zuò shénme jiù zuò shénme." Méi juéwàng de
爹叫我做什么就做什么。"枚绝望地

shuō. Gāngcái tā wēiwēi dǎkāi de xīnlíng de mén, yòu tū-
说。刚才他微微打开的心灵[1]的门，又突

rán guānshàng le.
然关上了。

Juéxīn réngrán tóngqíng de quàn tā shuō: "Qíshí zhǐ
觉新仍然同情地劝他说："其实只

yào nǐ zìjǐ yǒu zhìqì, nǐ hái niánqīng, nǐ yào xué hái
要你自己有志气，你还年轻，你要学还

láidejí, tā kěyǐ gěi nǐ bāngmáng."
来得及[2]，他可以给你帮忙。"

Méi bēiguān de yáoyao tóu shuō: "Nǐ bù xiǎode, diē
枚悲观地摇摇头说："你不晓得，爹

jiù zhǐyǒu wǒ yí gè érzi, tā bù kěn fàngsōng wǒ. Diē
就只有我一个儿子，他不肯放松[3]我。爹

fǎnduì yíqiè xīn dàolǐ. Wǒ xiǎng tā bú jiàndé huì cuò.
反对一切新道理。我想他不见得会错。

Wǒ tīng diē de huà tīng guàn le, bú zhào tā de yìsi shì bù-
我听爹的话听惯了，不照他的意思是不

xíng de."
行的。"

Máodùn, hùnluàn, ruǎnruò... Zhège niánqīngrén
矛盾[4]、混乱[5]、软弱……这个年轻人

de huà li chōngmǎnle zhèxiē dōngxi. Juéxīn bù xiāngxìn
的话里充满了这些东西。觉新不相信

tā de ěrduo, tā bù míngbai Méi de běnyì shì shénme,
他的耳朵，他不明白枚的本意[6]是什么，

1. 心灵: soul
2. 来得及: in time
3. 放松: to let go
4. 矛盾: contradiction
5. 混乱: confusion
6. 本意: intention

tā hánhu de dāyingle liǎng gè "ǹ" zì.
他含糊地答应了两个"嗯¹"字。

"Wǒ méiyǒu yí gè zhǐdǎo wǒ de xiānsheng, yě
"我没有一个指导²我的先生❷，也

méiyǒu yí gè zhījǐ de péngyou. Jiějiě zài shí, tā dào
没有一个知己³的朋友。姐姐在时，她倒

hái guānxīn wǒ de shìqing. Xiànzài tā yòu búzài le."
还关心我的事情。现在她又不在了❸。"

Juéxīn tīngjiàn Méi de huà, xiǎngqǐle Huì tuōfù tā
觉新听见枚的话，想起了蕙托付⁴他

zhàogù Méi de huà, tā zài xīnli mòmò shuō: "Nǐ jiào wǒ
照顾枚的话，他在心里默默说："你叫我

zěnme bàn?"
怎么办？"

"Kāi mén, Dà shàoye sòng kè chūlái le." Tí dēng
"开门，大少爷送客出来了。"提灯

sòng tāmen de sān fáng de yātou Cuìhuán jiàozhe mén: Tā
送他们的三房的丫头翠环⁵叫着门：他

men yǐ láidàole dà ménkǒu.
们已来到了大门口。

Sòngzǒule Méi, Juéxīn duì Cuìhuán shuō: "Cuìhuán,
送走了枚，觉新对翠环说："翠环，

nánwèi nǐ le."
难为你了❹。"

"Dà shàoye, nǐ zǒngshì zhèyàng kèqi. Wǒmen
"大少爷，你总是这样客气。我们

yātou gěi nǐ zuò diǎn shìqing, hái yào shuō 'nánwèi'?" Cuì-
丫头给你做点事情，还要说'难为'？"翠

huán dàixiào de shuō.
环带笑地说。

1. 嗯: an interjection expressing promise, response, etc.
2. 指导: to guide
3. 知已: intimate
4. 托付: to entrust
5. 翠环: Cuihuan, name

"Zhè yě bú suàn kèqi.   Nǐmen yě shì gēn wǒmen

"这也不算客气。你们也是跟我们

yíyàng de rén."   Juéxīn dádào.

一样的人。"觉新答道。

Jiēzhe Cuìhuán wènqǐle tā zài Shànghǎi de zhǔrén

接着翠环问起了她在上海的主人

èr xiǎojiě—— Shūyīng, tā shífēn gǎnxiè Juéxīn xiōng-

二小姐——淑英 [1]，她十分感谢觉新兄

dì bāngzhù èr xiǎojiě chūzǒu dàole Shànghǎi.

弟帮助二小姐出走到了上海。

Rén duì rén de guānxīn zhèyàng shēnqiè!   Juéxīn sì-

人对人的关心这样深切 [2]！觉新似

hū zài zhìmèn zhōng hūxī dàole yì kǒu xīn de kōngqì.

乎在窒闷 [3] 中呼吸 [4] 到了一口新的空气。

1. 淑英：Shuying, name
2. 深切：profound
3. 窒闷：suffocation
4. 呼吸：to breathe

Tips

❶ 打起精神：To pluck up.

❷ 先生：An old vocative for a teacher.

❸ 不在了：A tactful expression referring to a person's death.

❹ 难为你了：A polite expression used when thanking sb. for the favour he has done, meaning 让你受累了，谢谢你了。

Question

1. 枚是一个什么样的年轻人？他为什么既羡慕觉民，又不能立志做一个觉民式的青年？

六、"我怕我受不下去！"

"Sì xiǎojiě, tàitai hǎn nǐ qù." Wǔ fáng de yā-
"四小姐，太太喊你去。"五房的丫

tou Chūnlán de huàn shēng xīyǐnle zhòngrén de zhùyì.
头春兰[1]的唤声吸引了众人[2]的注意。

Zhè shì hěn píngcháng de shìqing: Shūzhēn tóng tā de gēge-
这是很平常[3]的事情：淑贞同她的哥哥

jiějiemen zài yìqǐ de shíhou, tā de mǔqin cháng-
姐姐们在一起的时候，她的母亲常

cháng huì chāqiǎn yātou huò nǚyōng lái bǎ tā huànzǒu.
常会差遣[4]丫头或女佣来把她唤走。

"Sì mèi zhēn kělián, zài zhèr shuǎ de hǎohāo
"四妹真可怜，在这儿耍[5]得好好

de, yòu yào hǎn tā huíqù. Yídìng yòu shì wǔ shěn gēn wǔ
的，又要喊她回去。一定又是五婶跟五

bà chǎojià le." Shūzhēn hái méiyǒu kāikǒu, Shūhuá xiān
爸吵架了。"淑贞还没有开口[6]，淑华先

bàoyuàn qǐlái.
抱怨起来。

"Sān mèi, nǐ shuōhuà yào xiǎoxīn diǎn, shěngde yòu
"三妹，你说话要小心点，省得又

rě shìfēi." Juéxīn kànle Shūhuá yì yǎn, tíxǐng
惹是非。"觉新看了淑华一眼，提醒

tā dào.
她道。

1. 春兰: Chunlan, name
2. 众人: everyone
3. 平常: usual, common
4. 差遣: to send sb. to do sth.; dispatch
5. 耍: to play
6. 开口: to open one's mouth; to speak

Shūzhēn zuòzhe bù xiǎng yě bú dòng, dāidāi de
淑贞坐着不响也不动，呆呆地

wàngzhe Qín de liǎn.
望着琴的脸。

Qín yòng róuhé de yǎnguāng àifǔzhe Shūzhēn de liǎn-
琴用柔和[1]的眼光爱抚着淑贞的脸

páng, sìhū zài duì zhège búxìng de shàonǚ shuō: "Wǒ
庞，似乎在对这个不幸的少女说："我

huì bāngzhù nǐ." Tā diàoguò tóu kànzhe Chūnlán shuō:
会帮助你。"她掉过头看着春兰说：

"Nǐmen tàitai yǒu shénme shìqing hǎn sì xiǎojiě
"你们太太有什么事情喊四小姐

huíqù?"
回去？"

"Wǒmen tàitai gāngcái gēn lǎoye chǎoguò jià, bǎ
"我们太太刚才跟老爷吵过架，把

dōngxi diūle yí dì, tàitai hái kūguò. Tàitai hǎn sì
东西丢了一地，太太还哭过。太太喊四

xiǎojiě jiù qù." Chūnlán jīdòng de huídá.
小姐就去。"春兰激动地回答。

" Yídìng yòu ná sì mèi chūqì! Tiānxià jūrán yǒu
"一定又拿四妹出气！天下居然有

zhèyàng de mǔqin." Shūhuá zài pángbiān mà qǐlái.
这样的母亲。"淑华在旁边骂起来。

"Nǐmen lǎoye ne?" Qín jìxù wèndào.
"你们老爷呢？"琴继续问道。

"Lǎoye zài Xǐ gūniang wū li." Yātou yīngdào.
"老爷在喜姑娘屋里。"丫头应道。

"Wǔ shěn xiǎng yòng Xǐ'ér lái lāzhù wǔ bà, nǎ
"五婶想用喜儿[2]来拉住五爸，哪

1. 柔和: gentle
2. 喜儿: Xi'er, name

35

xiǎode   fǎn'ér   gěi   zìjǐ   tiān   fánnǎo?   Xiǎng bu dào Xǐ'ér
晓 得 反 而 给 自 己 添 烦 恼 ? 想 不 到 喜 儿

shēngle   jiǔ   dì   yǐhòu,   míngtang   yě   duō   qǐlái   le!"
生 了 九 弟 以 后 ,名 堂 ¹ 也 多 起 来 了 ! "

Juéxīn   zhòuqǐ   méitóu shuō.
觉 新 皱 起 眉 头 说 。

"Zhè bù néng guài Xǐ'ér,   yīnggāi   yóu wǔ bà,   wǔ shěn
"这 不 能 怪 喜 儿 ,应 该 由 五 爸 、五 婶

fùzé.   Wǔ shěn bī tā,   wǔ bà gěi tā chēngyāo,   zhè jiù
负 责 ²。 五 婶 逼 她 ,五 爸 给 她 撑 腰 ³ ,这 就

gòu le."   Juémín jiē   xiàqù shuō.
够 了 。 "觉 民 接 下 去 说 。

"Qín jiě,   wǒ bù   huíqù!"   Shūzhēn hūrán zhàn qǐ-
"琴 姐 ,我 不 回 去 ! "淑 贞 忽 然 站 起

lái,   zǒudào Qín de shēnbiān,   wūyè de shuō.
来 ,走 到 琴 的 身 边 ,呜 咽 地 说 。

Qín fēnfù   Chūnlán dào: "Zhèyàng ba,   nǐ   huíqù
琴 吩 咐 春 兰 道 :"这 样 吧 ,你 回 去

shuō,   wǒ liú sì xiǎojiě zài zhèr   duō shuǎ   yíhuìr,   qǐng
说 ,我 留 四 小 姐 在 这 儿 多 耍 一 会 儿 ,请

nǐmen   tàitai fàngxīn."
你 们 太 太 放 心 。 "

"Shì,   Qín xiǎojiě."   Chūnlán gōngshùn de yīngle   yì
"是 ,琴 小 姐 。 "春 兰 恭 顺 地 应 了 一

shēng,biàn xiàng wàimian zǒuqù.
声 ,便 向 外 面 走 去 。

"Nǐ děng yíxià."   Juéxīn hūrán fēnfù dào, jiē-
"你 等 一 下 。 "觉 新 忽 然 吩 咐 道 ,接

zhe tā yòu duì Qín shuō: "Qín mèi, wǒ kàn háishi ràng sì mèi
着 他 又 对 琴 说 :"琴 妹 ,我 看 还 是 让 四 妹

1. 名堂 : thing, item

2. 负责 : responsible

3. 撑腰 : to support

huíqù hǎo. Wǔ shěn de píqi nǐ shì zhīdào de, sì mèi
回去好。五婶的脾气你是知道的，四妹

yòu bù nénggòu zhěng wǎn bù huíqù. Nǐ yào wéi'ào wǔ shěn
又不能够整晚不回去。你要违拗五婶

de yìsi, tā huì zài sì mèi shēnshang chūqì de."
的意思，她会在四妹身上出气的。"

"Sì biǎomèi, nǐ huíqù yě hǎo. Nǐ búyào nánguò[1].
"四表妹，你回去也好。你不要难过[1]。

Wǒmen jiānglái huì gěi nǐ xiǎng bànfǎ." Qín zhuāzhù Shū-
我们将来会给你想办法。"琴抓住淑

zhēn de shǒu, róushēng ānwèi dào.
贞的手，柔声[2]安慰[3]道。

"Qín jiě, jiānglái shì nǎ yì tiān? Wǒ pà wǒ shòu bú
"琴姐，将来是哪一天？我怕我受不

xiàqù!" Shūzhēn táiqǐ tóu, kūzhe shuō. Tā dàizhe yī-
下去！"淑贞抬起头，哭着说。她带着依

yī-bùshě de shénqíng, gēnzhe yātou zǒu le.
依不舍[4]的神情[5]，跟着丫头走了。

Dì-èr tiān, Juéxīn tāmen kànjiàn Shūzhēn de shí-
第二天，觉新他们看见淑贞的时

hou, Shūzhēn de yǎnjing zhǒng de xiàng hútáo yíyàng yì-
候，淑贞的眼睛肿得像胡桃一样，一

zhí bù shuōhuà. Shūhuá rěnbuzhù chōng kǒu dào: "Sì mèi
直不说话。淑华忍不住冲口[6]道："四妹

zuó wǎnshang yídìng yòu kūguò le."
昨晚上一定又哭过了。"

Shūzhēn bú zuò shēng. Tā máixià tóu qù. Tā de yǎn-
淑贞不作声。她埋下头去。她的眼

guāng chùdào tā de yì shuāng chuān xiùhuā duànxié de
光触[7]到她的一双穿绣花缎鞋[8]的

1. 难过：to feel bad
2. 柔声：(to speak) gently
3. 安慰：to console
4. 依依不舍：reluctant to part
5. 神情：facial expression
6. 冲口：to blurt out
7. 触：to touch
8. 绣花缎鞋：embroidered satin shoes

37

xiǎojiǎo,　　tā wánquán juéwàng le.　　Tā juéde xīn li hěn bù
小脚❶，她完全绝望了。她觉得心里很不

hǎo guò,　hǎoxiàng yǒu xǔduō gēn　zhēn　　cìzhe tā,　yòu hǎo-
好过，好像有许多根¹针²刺³着它，又好

xiàng xīn li yǒu shénme　dōngxi　bú zhù de cháo shàng yǒng.
像心里有什么东西不住地朝上涌。

Tā yǎozhe zuǐchún　jílì　rěnnài,　dànshì lèizhū　réngjiù
她咬着嘴唇极力忍耐，但是泪珠⁴仍旧

bú duàn de liú xiàlái,　lèishuǐ jiànjiàn de bǎ shǒupà jìn-
不断地流下来，泪水渐渐地把手帕浸

shī　le.
湿⁵了。

1. **根**：a measure word
2. **针**：needle
3. **刺**：to pierce
4. **泪珠**：teardrop
5. **浸湿**：to be soaked

Tip

❶ 小脚：Bound feet. In old China women practised the custom of foot binding which resulted in the deformation of their feet.

Questions

1. 淑贞为什么愿意和琴、淑华等人在一起，不愿意回到她母亲那儿去？
2. 淑贞的母亲和父亲为什么总吵架？

七、下 定

Juéxīn hé Shūhuá gēnzhe Zhōushì qù Zhōu jiā cānjiā-
觉新和淑华跟着周氏去周家参加
le Méi de dìnghūn diǎnlǐ, zhè jiùshì suǒwèi "xià-
了枚的订婚典礼 ¹，这就是所谓 ²"下
dìng". Juémín jièkǒu xuéxiào dàkǎo, méiyǒu lái cānjiā
定"。觉民借口 ³学校大考 ⁴，没有来参加
zhège diǎnlǐ. Zài Zhōu jiā, shàng yí bèi de rén dōu hěn gāo-
这个典礼。在周家，上一辈的人都很高
xìng. Gōngguǎn li dào chù zhāngdēng-jiécǎi, hèkè-yíngmén.
兴。公馆里到处张灯结彩 ⁵，贺客盈门 ⁶。
Zhōushì zài lǐmiàn bāngmáng zhàoliào. Shūhuá běnlái fǎn-
周氏在里面帮忙照料。淑华本来反
duì Méi de hūnshì, dànshì tā zài jīntiān de diǎnlǐ zhōng
对枚的婚事，但是她在今天的典礼中
dédàole kuàilè. Juéxīn zài mánglù bēnzǒu, chǔlǐ
得到了快乐 ⁷。觉新在忙碌 ⁸奔走，处理
gè zhǒng záshì. Méi shòuxiǎo de shēnzi chuānzhe kuāndà,
各种杂事 ⁹。枚瘦小的身子穿着宽大 ¹⁰、
huálì de yīfu, liǎn shang shì jìnhū yúchǔn de
华丽 ¹¹的衣服，脸上是近乎 ¹²愚蠢 ¹³的
xīnrán de biǎoqíng. Jiéhūn xiǎnrán gěi zhège niánqīng-
欣然 ¹⁴的表情。结婚显然 ¹⁵给这个年轻
rén dàiláile mǒu zhǒng cìjī hé kěwàng. Zhè shì tā cóng
人带来了某种刺激和渴望。这是他从

1. 典礼：ceremony
2. 所谓：so-called
3. 借口：pretext
4. 大考：end of term or final examination
5. 张灯结彩：to decorate with lanterns and coloured streamers
6. 贺客盈门：the house is full of congratulatory guests
7. 快乐：pleasure
8. 忙碌：busy
9. 杂事：miscellaneous matters
10. 宽大：loose (clothes)
11. 华丽：gorgeous
12. 近乎：almost
13. 愚蠢：foolish
14. 欣然：glad
15. 显然：obviously

píngrì tōu kàn xiánshū shí délái de. Juéxīn kànzhe tā,
平日偷看闲书 [1] 时得来的。觉新看着他，

xīn yòu yīnwèi liánxī ér tòng qǐlái le. Yǐnyǐn-yuēyuē de
心又因为怜惜而痛起来了。隐隐约约的

kū shēng zài tā zhōuwéi piāodàng, tā yíhuò qǐlái:
哭声在他周围 [2] 飘荡，他疑惑 [3] 起来：

"Nándào wǒ shì zài zuòmèng? Nándào zhè háishi zài yì nián yǐ-
"难道我是在做梦？难道这还是在一年以

qián?" Yì nián qián, yí gè tā suǒ zhōng'ài de nǚzǐ lín
前？"一年前，一个他所钟爱 [4] 的女子临

sǐ qián céng zhǔtuō tā zhàoliào dìdi— Méi, xiànzài tā
死前曾嘱托他照料弟弟——枚，现在他

yòu yí cì wéibèile tā de yuànwàng, zuòle shǐ tā tòng-
又一次违背 [5] 了她的愿望，做了使她痛

kǔ de shìqing. Tā zuòle yí gè bèixìn de rén, tā zhǐ
苦的事情。他做了一个背信 [6] 的人，他只

yǒu zébèi zìjǐ. Tā jìxù zuòzhe wúliáo de shìqing,
有责备自己。他继续做着无聊的事情，

bāngzhù Zhōu jiā zhāodài bīnkè. Zài xí shang, tā mòmò
帮助周家招待宾客 [7]。在席上，他默默

de hēzhe jiǔ.
地喝着酒。

"Xiàdìng" diǎnlǐ jiéshù, duǎnzàn de xīngfèn guò-
"下定"典礼结束 [8]，短暂 [9] 的兴奋过

qù le, Méi yòu xiǎngqǐle zìjǐ de shì. Tā yǒu diǎn dān-
去了，枚又想起了自己的事。他有点担

xīn. Tā xiǎngqǐle jiějie de qīnshì, nà yě shì tā de
心。他想起了姐姐的亲事，那也是他的

fùqīn juédìng de. Jiějie dédào de què shì nàyàng de jié-
父亲决定的。姐姐得到的却是那样的结

1. 闲书：light reading
2. 周围：around
3. 疑惑：to suspect
4. 钟爱：to love dearly
5. 违背：to go against
6. 背信：to break faith with
7. 宾客：guests
8. 结束：to end
9. 短暂：of short duration

秋
Autumn

guǒ. Tā bù xiǎode tā de shìqing zěnyàng. Tā yǒu diǎn hài-
果。他不晓得他的事情怎样。他有点害

pà. Tā tīngshuō xīnniángzi de píqi bù hǎo, rén bǐ tā
怕。他听说新娘子的脾气不好,人比他

gāo, niánjì yě dà tā jǐ suì. Zhè shì tā de fùqin hé mǔ-
高,年纪也大他几岁。这是他的父亲和母

qin chǎojià shí, tā tīngjiàn tā de mǔqin shuō chūlái de.
亲吵架时,他听见他的母亲说出来的。

Tā sìhū zhīdào tā bìng bú zànchéng zhè mén qīnshì. Dàn-
他似乎知道她并不赞成这门亲事。但

shì tā bù néng guòwèn, yòu bù hǎoyìsi dǎting, yě méi-
是他不能过问,又不好意思打听,也没

yǒu rén bǎ zhēnshí de qíngkuàng gàosu tā. Búguò, tā
有人把真实¹的情况告诉他。不过,他

yě bù juéde yǒu shénme hǎo, yě bù juéde yǒu shénme
也不觉得有什么好,也不觉得有什么

huài. Rénrén dōu zhèyàng, tā dāngrán yě gāi rúcǐ. Tā
坏。人人都这样,他当然也该如此。他

xiànmù Gāo jiā de xiōngdìmen, tā céng xiǎngguò dào Gāo jiā
羡慕高家的兄弟们,他曾想过到高家

qù "dāguǎn", kě tā de fùqin bù tóngyì, pà tā
去"搭馆❶",可他的父亲不同意,怕他

xué huài. Tā měitiān tīng tā fùqin jiǎng shū, dànshì shū li
学坏。他每天听他父亲讲书,但是书里

zǒngshì nàyàng de huà. Nà bù Lǐjì, tā yuè dú
总是那样的话。那部《礼记》❷,他越读

yuè hàipà, shǐ tā bù gǎn zuòrén: Jūshù de nàme jǐn,
越害怕,使他不敢做人:拘束²得那么紧,

jiǎnzhí dòng yí bù jiùshì cuò. Tā zhǐyǒu yí gè yánfù,
简直动一步就是错。他只有一个严父³,

1. 真实: true, real
2. 拘束: to restrict
3. 严父: strict father

43

méiyǒu yí gè zhīxīn rén. Juéxīn xiōngdì de huà lí tā
没有一个知心¹人。 觉新兄弟的话离他

de xiànshí yòu nàme yuǎn. Wéiyī guānxīn tā de qīn jiě-
的现实又那么远。 唯一关心他的亲姐

jie yǐjīng bú zài rénshì le.
姐已经不在人世²了。

1. **知心**：to know one's heart; intimate

2. **人世**：world

Tips

❶ 搭馆：馆 means an old–fashioned private school. In the old days, rich families used to invite a tutor to teach their children at home. This is known as 家馆。搭馆 refers to a non–family member joining the class of 家馆。

❷ 《礼记》: *Book of Rites*, one of the Confucian classics and an anthology of courteous ceremonies of the pre–Han and pre–Qin times.

Questions

1. 在枚的订婚典礼上，觉新为什么闷闷不乐？
2. 枚对自己的婚事持什么态度？

八、年轻的心

Qín hé Juémín gēnzhe tāmen de tóngxué Zhāng Huánrú
琴和觉民跟着他们的同学张还如 [1]

zǒujìnle Zhāng jiā de kètīng, jīntiān xiàwǔ shì tāmen
走进了张家的客厅 [2]，今天下午是他们

de tuántǐ— Jūnshè jíhuì de rìzi. Yùhuìzhě lù-
的团体——均社集会的日子。与会者 [3] 陆

xù láidào yǐhòu, huìyì jiù kāishǐ le. Zhǔxí bàogào
续 [4] 来到以后，会议 [5] 就开始了。主席报告

tāmen zuìjìn liǎng gè yuè de gōngzuò qíngxing. Tāmen de
他们最近两个月的工作情形。他们的

gōngzuò jìnxíng de xiāngdāng shùnlì. Tóngqíngzhě jiànjiàn
工作进行得相当顺利 [6]。同情者渐渐

de duō qǐlái, duì tāmen de zhǔzhāng hé huódòng gǎn xìng-
地多起来，对他们的主张 [7] 和活动感兴

qù de rén yě bù shǎo, tèbié shì zài jīnnián èr yuè Jīng-
趣 [8] 的人也不少，特别 [9] 是在今年二月京

Hàn tiělù gōngrén dà bàgōng zāodào jūnfá cánkù
汉铁路 [10] 工人大罢工 [11] 遭到军阀残酷 [12]

de zhènyā yǐhòu. Zhège hōnghōng-lièliè de dà shì-
的镇压 [13] ❶ 以后。这个轰轰烈烈的大事

jiàn shǐde xǔduō qīngnián dōu zhēngkāile yǎnjing, qīngnián-
件 [14] 使得许多青年都睁开了眼睛，青年

men gèng bù néng ānyú-xiànzhuàng le. Tāmen zài xún-
们更不能安于 [15] 现状 [16] 了。他们在寻

1. 张还如：Zhang Huanru, name

2. 客厅：parlour

3. 与会者：participant of a meeting

4. 陆续：one after another

5. 会议：meeting

6. 顺利：smoothly

7. 主张：view

8. 兴趣：interest

9. 特别：special; especially

10. 京汉铁路：Beijing-Hankou Railway

11. 罢工：to strike

12. 残酷：cruel

13. 镇压：to suppress

14. 事件：incident, event

15. 安于：to be content with

16. 现状：existing state of affairs

45

zhǎo   xīn de lù,   suǒyǐ gémìng de shūbào dàochù   shòu
找 ¹ 新 的 路，所 以 革 命 的 书 报 到 处 ² 受

huānyíng. Shěng nèi tóngyàng xìngzhì de tuántǐ yě chénglile
欢 迎。省 内 同 样 性 质 ³ 的 团 体 也 成 立 了

bù shǎo, tāmen bǐcǐ jiān dōu   jiànlìle   liánxi.   Yǒu yí
不 少，他 们 彼 此 间 都 建 立 ⁴ 了 联 系。有 一

gè tuántǐ hái jiànyì   zài shěngchéng li   jǔxíng yí cì
个 团 体 还 建 议 ⁵ 在 省 城 里 举 行 一 次

dàhuì.
大 会。

　　Zhǔxí de bàogào diǎnránle zhòngrén de rèqíng.
主 席 的 报 告 点 燃 ⁶ 了 众 人 的 热 情 ⁷。

Niánqīng de xīn bèi jìnbù de, zhèngyì   de sīxiǎng gǎndòng-
年 轻 的 心 被 进 步 的、正 义 ⁸ 的 思 想 感 动

zhe, bèi xiànshēn de rèqíng gǔwǔzhe.   Tāmen jīntiān zài
着，被 献 身 ⁹ 的 热 情 鼓 舞 着。他 们 今 天 在

zhège fángjiān li gùrán   búguò shì yí gè xiǎoxiǎo de tuán-
这 个 房 间 里 固 然 不 过 是 一 个 小 小 的 团

tǐ, dànshì tāmen bìng bú shì gūdú de gèrén.   Zài wài-
体，但 是 他 们 并 不 是 孤 独 的 个 人。在 外

mian, zài nàge guǎngdà de shèhuì zhōng yǒu hěn duō tāmen
面，在 那 个 广 大 的 社 会 中 有 很 多 他 们

de tóngzhì.   Guānyú zài shěngchéng li   jǔxíng gè tuántǐ
的 同 志。关 于 在 省 城 里 举 行 各 团 体

de dàhuì de tíyì gèng shǐ tāmen shòudàole gǔwǔ.   Dà-
的 大 会 的 提 议 更 使 他 们 受 到 了 鼓 舞。大

huì,   zhè jiùshì shuō xǔduō méiyǒu jiànguò miàn de jīngshen
会，这 就 是 说 许 多 没 有 见 过 面 的 精 神

shang de yǒurén   jù   zài yìqǐ   tǔlù   tāmen de xiōng-
上 的 友 人 ¹⁰ 聚 ¹¹ 在 一 起 吐 露 ¹² 他 们 的 胸

1. **寻找**：to seek for
2. **到处**：everywhere
3. **性质**：nature
4. **建立**：to establish
5. **建议**：to propose
6. **点燃**：to light
7. **热情**：enthusiasm
8. **正义**：justice
9. **献身**：to devote one-self to
10. **友人**：friend
11. **聚**：to gather
12. **吐露**：to reveal

秋
Autumn

huái, gòngxiàn chū tāmen niánqīngrén de rèchéng, hé tā-
怀 1，贡献出他们年轻人的热诚 2，和他

men de qīngchūn de huólì, lái wèi tāmen de wéiyī de
们的青春的活力 3，来为他们的唯一的

mùdì fúwù. Zhège wéiyī de mùdì dàizhe yì zhǒng
目的 4 服务。这个唯一的目的带着一种

chónggāo de、 chúnjié de měi, xīyǐnzhe měi yí gè nián-
崇高 5 的、纯洁的美，吸引着每一个年

qīngrén de xīn. Wèi rénmín qúnzhòng móu xìngfú, wèi dàduō-
轻人的心。为人民群众谋幸福，为大多

shù rén, wèi nàxiē xiàn zài pínkùn de shēnyuān zhōng de
数人，为那些陷在贫困 6 的深渊中的

rén. Yào píngděng! Yào zìyóu! Ràng bó'ài de guānghuī
人。要平等 7！要自由 8！让博爱 9 的光辉 10

pǔzhào shìjiè, ràng rénrén dōu yǒu ānshì de
普照 11 世界 12，让人人都有安适的

shēnghuó. Tāmen zhēnxī zhè sīxiǎng, yě zhēnxī yǒuzhe tóngyàng
生活。他们珍惜这思想，也珍惜有着同样

sīxiǎng de rén. Rújīn yǒu rén shuōchūle jùhuì de huà,
思想的人。如今有人说出了聚会的话，

zhè shì yí ge duōme lìng rén xīngfèn de xiāoxi. Měi ge rén
这是一个多么令人兴奋的消息。每个人

de xīn dōu yīnwèi xǐyuè ér chàndòng le. Duì zhège tí-
的心都因为喜悦而颤动 13 了。对这个提

yì dàjiā fēnfēn biǎoshì zàntóng, hái tíchūle yìxiē yì-
议大家纷纷表示赞同，还提出了一些意

jiàn hé bànfǎ. Tāmen juédìng xiě xìn yǔ gè dì de tuántǐ
见和办法。他们决定写信与各地的团体

liánxì, Zhāng Huìrú fùzé qǐcǎo xìngǎo, yóu Jué-
联系，张惠如 14 负责起草 15 信稿 16，由觉

1. 胸怀：mind
2. 热诚：enthusiasm and sincerity
3. 活力：vitality
4. 目的：purpose, aim
5. 崇高：lofty
6. 贫困：poverty
7. 平等：equality
8. 自由：freedom
9. 博爱：fraternity
10. 光辉：brilliance
11. 普照：to illuminate all things
12. 世界：world
13. 颤动：to quiver
14. 张惠如：Zhang Huiru, name
15. 起草：to draft
16. 信稿：draft letter

mín hé Qín yìchéng ànhào jì chūqù.
民和琴译¹成暗号²寄出去。

Jiēzhe dàjiā yòu tǎolùnle Zhōubào de gōngzuò. Yǒu
接着大家又讨论了周报的工作。有

rén tíyì Zhōubào yīng jiāqiáng tóng gè dì de liánxi. Qín
人提议周报应加强同各地的联系。琴

jiànyì Zhōubào yīng zhuǎnzǎi Juéhuì xiě de yì piān hěn yǒu
建议周报应转载³觉慧写的一篇很有

shāndòngxìng de wénzhāng. Zhège tíyì lìjí dédàole
煽动性⁴的文章。这个提议立即得到了

dàjiā de tóngyì. Zhōubào chuàngkān yǐ liǎng zhōunián
大家的同意。周报创刊⁵已两周年⁶

le, yùhuìzhě yízhì juédìng jǔxíng liǎng zhōunián jìniàn-
了,与会者一致⁷决定举行两周年纪念

huì, chūbǎn jìniàn zhuānkān. Wèicǐ, chénglìle chóubèi
会,出版纪念专刊。为此,成立了筹备

wěiyuánhuì. Juémín hé Qín dōu bèi xuǎnjǔ wéi chóubèi wěi-
委员会。觉民和琴都被选举为筹备委

yuán
员⁸。

Huìyì wánbì, zhǔrén wǎnliú dàjiā chī wǔfàn. Qín
会议完毕,主人挽留大家吃午饭。琴

xiǎngzhe zài Gāo jiā děnghòuzhe tā de Shūhuá jiěmèi, biàn
想着在高家等候着她的淑华姐妹,便

tuīcí le. Juémín yě jiānchí yào huíjiā. Tāmen gàobié-
推辞了。觉民也坚持⁹要回家。他们告别

le zhǔrén, zǒuchū dàmén.
了主人,走出大门。

1. 译: to translate; to encode
2. 暗号: secret code
3. 转载: to reprint
4. 煽动性: agitational
5. 创刊: to start publication
6. 周年: anniversary
7. 一致: unanimously
8. 筹备委员会: preparatory committee
9. 坚持: to insist

Tip

❶ 京汉铁路工人大罢工遭到军阀残酷的镇压：The Beijing–Hankou Railway workers went on a general strike on Feb. 4, 1923,as a result of the impeding and undermining of the inaugural meeting of the Beijing–Hankou Railway Workers' Union (held on Feb.1)by Wu Peifu, a Northern warlord. On Feb. 7, Wu staged a bloody suppression of the workers on strike and tens of thousands workers were killed or wounded. This is known as the "Feb. 7 Great Strike" or "Feb. 7 Massacre."

Questions

1. 均社的会议开得怎样？
2. 青年人为什么事情而欢欣鼓舞？
3. 会议做了些什么决定？

九、火红的石榴花

Duānwǔjié❶ línjìn le. Zài Gāo jiā, tángwū qián-
端午节❶临近¹了。在高家，堂屋前

mian xīn tiānle sì pén xiānhuā, sànfāzhe nóngyù de fāng
面新添了四盆鲜花，散发着浓郁²的芳

xiāng. Dàmén pángbiān yì zhū shíliúshù shang yě kāichūle
香。大门旁边一株石榴树上也开出了

huǒ yì bān xiānyàn de hóng huā.
火一般鲜艳³的红花。

Gōngguǎn li de rén yě xiǎnde bǐ píngshí mánglù.
公馆里的人也显得比平时忙碌。

Kèmíng bǐ qián yì nián shuāilǎo duō le, jiāli de xǔduō
克明比前一年衰老⁴多了，家里的许多

shìqing tā dōu jiāogěi Juéxīn zhàoguǎn. Zài zhè jǐ tiān yì
事情他都交给觉新照管⁵。在这几天一

lián jǐ yè, Kèmíng bǎ Juéxīn jiào dào tā de fáng li qù ān-
连几夜，克明把觉新叫到他的房里去安

pái jiérì li de shìqing. Juéxīn mòmò de tīngcóng Kè-
排⁶节日里的事情。觉新默默地听从克

míng de huà, bìng bù fā yí jù yuànyán.⁷ Tā zhàoliàozhe
明的话，并不发一句怨言⁷。他照料着

bǎ gè chù qīnqi de jiélǐ dōu sòng chūqù le, yòu bǎ
把各处亲戚的节礼⁸都送出去了，又把

yīnggāi yùbèi de dōngxi (yóuqí shì gè zhǒng shìyàng de
应该预备的东西（尤其是各种式样⁹的

1. 临近：near
2. 浓郁：rich (smell)
3. 鲜艳：gaily-coloured
4. 衰老：old and feeble
5. 照管：to take care of
6. 安排：to arrange
7. 怨言：complaint
8. 节礼：festival gift
9. 式样：kind

zòngzi) bànqí le. Tā lāzhe Shūhuá bāngmáng, chāo-
粽子❷)办齐了。他拉着淑华帮忙,抄¹

xiě gè fáng shàoye xiǎojiě yīng dé jiéqián de míngdān, chāo-
写各房少爷小姐应得节钱²的名单³,抄

xiě gè fáng li nánnǚ púrén yīng dé shǎngqián de míngdān,
写各房里男女仆人应得赏钱⁴的名单,

míngdān chāo hǎo, shǎngqián suànchū yǐhòu, Juéxīn yòu ān-
名单抄好,赏钱算出以后,觉新又安

pái fēnfā dào gè rén shǒu li.
排分发⁵到各人手里。

Yìjiā-zhīzhǔ de Sān lǎoye Kèmíng zài jiérì de qián-
一家之主的三老爷克明在节日的前

xī guò de bìng bù yúkuài.
夕过得并不愉快。

Dì-yī jiàn shì shì, Kèmíng de érzi sì shàoye tóng
第一件事是,克明的儿子四少爷同

sì fáng de wǔ shàoye yìqǐ, qīfùle wǔ fáng de yātou
四房的五少爷一起,欺负了五房的丫头

Chūnlán. Wǔ tàitai Shěnshì lāzhe Chūnlán dào Kèmíng miàn-
春兰。五太太沈氏⁶拉着春兰到克明面

qián gàole lǎo sì de zhuàng, shuōle hěn duō xīluò de
前告了老四的状,说了很多奚落⁷的

huà. Kèmíng zì cóng nǚ'ér Shūyīng chūzǒu yǐhòu, duì tā
话。克明自从女儿淑英出走以后,对他

zhège shíliù suì de érzi biàn cúnle piān'ài zhī xīn, dàn-
这个十六岁的儿子便存了偏爱⁸之心,但

shì, zhèngshì zhège érzi zuòle tā zuì zēngyàn de xià-
是,正是这个儿子做了他最憎厌⁹的下

liú shìqing! Érqiě gěi tā zhāoláile Shěnshì de nánkān
流事情!而且给他招¹⁰来了沈氏的难堪¹¹

1. 抄: to copy
2. 节钱: money to be spent on a festival
3. 名单: name list
4. 赏钱: bestowed money
5. 分发: to distribute
6. 沈氏: Ms Shen, name
7. 奚落: to scoff at
8. 偏爱: to show favouritism to
9. 憎厌: to be disgusted
10. 招: to bring about
11. 难堪: embarrassed

53

de wǔrǔ.   Tā de xīwàng pòmiè le.   Tā yòng zhúbǎn
的侮辱 [1]。他的希望破灭了。他用竹板 [2]

bǎ érzi hěnhěn de dǎle yí dùn.
把儿子狠狠地打了一顿。

Dì-èr jiàn shìqing shì, tā de dìdi Kèdìng bǎ tā
第二件事情是，他的弟弟克定把他

zìjǐ míngxià de tián màile hǎoxiē chūqù,   érqiě jià-
自己名下 [3] 的田卖了好些出去，而且价

qián yòu hěn piányi.   Zhèxiē tiánchǎn shì tā fùqin Gāo lǎo-
钱又很便宜 [4]。这些田产是他父亲高老

tàiyé yíxià de,   Kèdìng bǎ tā mài le, tài duìbuqǐ
太爷遗下的，克定把它卖了，太对不起

fùqin.   Tā bù néng kàndào Gāo jiā chūxiàn zhèyàng de bàijiā
父亲。他不能看到高家出现这样的败家

zǐdì   bù guǎn.
子弟 ❸ 不管。

Zài fáng li zhǐ shèngxià tā hé tā   qīzi Zhāngshì de
在房里只剩下他和他妻子张氏的

shíhou, tā bàn yuànfèn bàn jǔsàng de shuōle xiàmian yí
时候，他半怨愤 [5] 半沮丧 [6] 地说了下面一

duàn huà: "Wèi shénme dāndān wǒ yí gè rén yùdào zhèxiē
段话："为什么单单我一个人遇到这些

shìqing?   Èr nǚ tōupǎo dào Shànghǎi qù. Sì wázi yòu zhè-
事情？二女偷跑到上海去。四娃子又这

yàng bù zhēngqì.   Wǔ dì, gèng bú yòng shuō, tā sāngfú
样不争气 [7]。五弟，更不用说，他丧服

wèimǎn   jiù   sīzì qǔ   yítàitai,   érqiě màidiào zǔzōng
未满 ❹ 就私自娶姨太太，而且卖掉祖宗

de yíchǎn. Sì dì yīnggāi míngbai yìdiǎn, tā yě zài wài-
的遗产。四弟应该明白一点，他也在外

1. 侮辱：insult
2. 竹板：a flat piece of bamboo
3. 名下：under sb.'s name
4. 便宜：inexpensive, cheap
5. 怨愤：indignation
6. 沮丧：to be depressed
7. 争气：to win credit for

mian gēn xìzi láiwǎng. Wǒ zébèi tāmen, tāmen dōu
面跟戏子❺来往。我责备他们，他们都

bù tīnghuà. Wǒ kàn wǒmen zhè fèn jiādàng yídìng huì gěi
不听话。我看我们这份家当¹一定会给

tāmen nòngguāng de. Tāmen méiyǒu yí gè rén duìdeqǐ
他们弄光的。他们没有一个人对得起

wǒ, gèng duìbuqǐ sǐqù de diē. Xiǎng qǐlái zhēn lìngrén
我，更对不起死去的爹。想起来真令人

huīxīn. Sì wázi bù xué hǎo, wǒ zhè yìshēng hái yǒu
灰心²。四娃子不学好，我这一生还有

shénme zhǐwàng?"
什么指望³？"

Juéxīn duì zhèxiē shìqing yě gǎndào shífēn tuísàng,
觉新对这些事情也感到十分颓丧⁴，

tā juéde zhè shì Gāo jiā shuāibài de zhēngzhào. Dànshì
他觉得这是高家衰败⁵的征兆⁶。但是

Shūhuá de huà yòu gěile tā xīwàng hé gǔwǔ. Shūhuá
淑华的话又给了他希望和鼓舞。淑华

shuō: "Èr gē, sān gē tāmen jiānglái jiù méiyǒu chūxi?
说："二哥、三哥他们将来就没有出息⁷？

Yǒu zhìqì de rén jiù bú kào zǔzong!"
有志气的人就不靠祖宗！"

Duānwǔjié shàngwǔ, tángwū li gòngzhuō shang diǎn-
端午节上午，堂屋里供桌⁸上点

zhe làzhú, ránzhe xiāng, zuǒyòu liǎngbiān jùjíle
着蜡烛⁹，燃着香¹⁰，左右两边聚集¹¹了

quánjiā nánnǚ lǎoyòu. Rénmen ànzhào jiùlì kētóu,
全家男女老幼。人们按照旧例¹²磕头、

xínglǐ. Zài yízhèn xuānnào zhīhòu, tángwū li yòu huī-
行礼。在一阵喧闹¹³之后，堂屋里又恢

1. 家当：fortune
2. 灰心：disheartened
3. 指望：hope
4. 颓丧：dejected
5. 衰败：to decline
6. 征兆：sign
7. 出息：promise
8. 供桌：altar
9. 蜡烛：candle
10. 香：incense
11. 聚集：to gather
12. 旧例：usage
13. 喧闹：hubbub

fùle yuánxiān de qīngjìng.
复¹了原先²的清静。

Juéxīn chūle tángwū, zǒuxià shíjiē. Hūrán cóng
觉新出了堂屋，走下石阶。忽然从

mén wài zhuǎn jìnlái liǎng gè niánqīng de nǚzǐ, shǒu li gè
门外转进来两个年轻的女子，手里各

pěngzhe yí shù dài yè de xiānyàn de shíliúhuā. Zhè shì
捧着一束³带叶的鲜艳的石榴花。这是

Cuìhuán hé lìng yí gè yātou Qǐxiá. Tāmen kànjiàn Jué-
翠环和另一个丫头绮霞⁴。她们看见觉

xīn, tóngshí huàn shēng: "Dà shàoye." Wānxià yāo qù xiàng
新，同时唤声："大少爷。"弯下腰去向

tā qǐng'ān bàijié.
他请安拜节⁵。

Juéxīn jiǎndān de huánle lǐ, liǎn shang yě fúchū-
觉新简单地还了礼，脸上也浮出⁶

le xiàoróng, suíbiàn shuōle yí jù: "Nǐmen ná de shíliú-
了笑容，随便说了一句："你们拿的石榴

huā kāi de zhēn hǎo."
花开得真好。"

"Dà shàoye, nǐ xǐhuan, wǒ fēn jǐ zhī gěi nǐ,
"大少爷，你喜欢，我分几枝给你，

wǒmen tàitai yào bu liǎo zhème duō." Cuìhuán kuàilè de
我们太太要不了这么多。"翠环快乐地

zhǎdòng tā de yì shuāng míngliàng de yǎnjing shuōdào.
眨动⁷她的一双明亮的眼睛说道。

"Búbì le, wǒ búguò suíbiàn shuō yí jù." Jué-
"不必了，我不过随便说一句。"觉

xīn wēixiào dádào.
新微笑答道。

1. 恢复: to recover
2. 原先: former
3. 束: bundle
4. 绮霞: Qixia, name
5. 拜节: to give festival greetings
6. 浮出: to appear
7. 眨动: to blink

Cuìhuán hé Qǐxiá dàizhe xiàoróng zǒu le.
翠环和绮霞带着笑容走了。

Juémín xiézhe shū cóng fáng li chūlái, zài shíjiē
觉民挟[1]着书从房里出来，在石阶

shang huànle yì shēng: "Dà gē!" Biàn xiàng Juéxīn
上唤了一声："大哥！"便向觉新

zǒuqù.
走去。

"Zěnme gūmā hái méiyǒu lái?" Zhè shì Juémín de
"怎么姑妈还没有来？"这是觉民的

dì-yī jù huà.
第一句话。

Tāmen de gūmǔ Zhāng tàitai yǐjīng hěn jiǔ méiyǒu
他们的姑母张太太[2]已经很久没有

lái Gāo jiā le. Yīnwèi tā kàn bú guàn Kè'ān hé Kèdìng de
来高家了。因为她看不惯克安和克定的

xíngwéi.
行为[3]。

Xiōngdìliǎ zài tángwū wài shuōle yíhuìr huà. Jué-
兄弟俩在堂屋外说了一会儿话。觉

xīn yāo Juémín dào tā fáng li zuòzuò. Liǎng rén jiēkāi mén-
新邀觉民到他房里坐坐。两人揭开门

lián, dì-yī yǎn biàn kànjiàn zhuōzi shang yì píng xiānyàn de
帘，第一眼便看见桌子上一瓶鲜艳的

shíliúhuā.
石榴花。

"Shíliúhuā! Nǐ zài nǎr nònglái de?" Juémín
"石榴花！你在哪儿弄来的？"觉民

zànměi de shuō.
赞美地说。

1. 挟: to hold under the arm

2. 张太太: Mrs Zhang, name

3. 行为: behaviour

57

Juéxīn dāile yí xià. Tā qǐchū xiǎngdào Hé sǎo,
觉 新 呆 了 一 下 。 他 起 初 想 到 何 嫂 [1],

dànshì hěn kuài jiù jiūzhèngle zìjǐ de cuòwù: Zhè yí-
但 是 很 快 就 纠 正 了 自 己 的 错 误 : 这 一

dìng shì gāngcái Cuìhuán shǒu li de shíliúhuā.
定 是 刚 才 翠 环 手 里 的 石 榴 花 。

Zài fánmì de lùyè cóng zhōng, huǒ shìde huāduǒ
在 繁 密 [2] 的 绿 叶 丛 [3] 中 , 火 似 的 花 朵

fǎngfú shèchū qiángliè de guāngmáng, fāchū gāodù de
仿 佛 射 [4] 出 强 烈 [5] 的 光 芒 [6] , 发 出 高 度 的

rèlì. Tā zài zhè shàngmian kànchūle tóngqíng hé
热 力 。 他 在 这 上 面 看 出 了 同 情 和

guānxīn.
关 心 。

1. 何嫂: Sister He, name of a servant

2. 繁密: dense

3. 丛: clump

4. 射: to send out

5. 强烈: strong

6. 光芒: brilliance; rays of light

Tips

❶ 端午节: The Dragon Boat Festival which falls on the fifth day of the fifth month of the lunar calendar is a traditional Chinese festival. It is said this festival was started to commemorate the celebrated patriotic poet Qu Yuan who drowned himself in the Miluo River, Hunan Province. It is customary to eat zongzi (see below) and hold dragon boat races on this festival.

❷ 粽子: Zongzi, a pyramid–shaped dumpling made of glutinous rice wrapped in bamboo or reed leaves to be eaten after boiling.

❸ 败家子弟: Also 败家子儿, prodigal son. Now it refers to a person who uses state funds and property wastefully.

❹ 丧服未满: (See Tip 2, Chapter 2.)

❺ 戏子: A derogatory term referring to professional opera singers.

Questions

1. 什么事使三老爷克明心里不愉快?
2. 觉新桌上的石榴花是谁送的? 觉新在这花上看到了什么?

十、周伯涛与郑国光

Méi de hūnqī yuè lái yuè jìn le. Zhōu jiā yí piàn máng-
枚的婚期越来越近了。周家一片忙

lù. Zhè tiān Zhōushì hé Juéxīn dōu qù Zhōu jiā bāngmáng
碌。这天周氏和觉新都去周家帮忙

bànlǐ Méi de hūnshì. Juéxīn gāng jìn zhōngmén, jiù kànjiàn
办理枚的婚事。觉新刚进中门,就看见

Méi yí gè rén chuítóu-sàngqì de zhàn zài ménbiān. Tā jué-
枚一个人垂头丧气¹地站在门边。他觉

de xīnli bù hǎo guò, yòng tóngqíng de kǒuqì wèndào: "Méi
得心里不好过,用同情的口气问道:"枚

biǎodì, nǐ yí gè rén zhàn zài zhèr zuò shénme?"
表弟,你一个人站在这儿做什么?"

Méi yí dùzi de xīnsi, méiyǒu rén nénggòu
枚一肚子的心思²,没有人能够

guānxīn tā. Tīngdào Juéxīn wèn tā, jiù méiyǒu tiáolǐ de
关心他。听到觉新问他,就没有条理³地

dádào: "Wǒ yǒu diǎn hàipà. Wǒ méiyǒu chūxi. Diē yídìng
答道:"我有点害怕。我没有出息。爹一定

yào wǒ jiéhūn. Wǒ tīng èr biǎogē shuō zǎohūn bù hǎo, yòu
要我结婚。我听二表哥说早婚不好,又

tīngshuō xīnniángzi píqi bù hǎo. Diē shuō Féng jiā jǐ wèi
听说新娘子脾气不好。爹说冯家几位

zhǎngbèi dōu shì dāngdài dàrú, diē yòu mà wǒ wénzhāng zuò
长辈都是当代大儒,爹又骂我文章做

1. **垂头丧气**: dejected

2. **心思**: thought

3. **条理**: proper arrange-
ment

de bù hǎo."
得不好。”

Juéxīn wàngzhe Méi kūshòu de liǎn, tā fǎngfú zài
觉新望着枚枯瘦 [1] 的脸，他仿佛在

nà zhāng qīng bái sè de liǎn shang kànjiànle zìjǐ de miàn-
那张青 [2] 白色的脸上看见了自己的面

yǐng, bù jué tànle yì kǒu qì: "Nǐ wèi shénme bù zǎo
影 [3]，不觉叹了一口气：“你为什么不早

diǎn ràng dà jiù míngbai nǐ de yìsi?"
点让大舅明白你的意思？”

"Nǐ kuài búyào shuō! " Méi kǒngbù de zǔzhǐ dào,
“你快不要说！”枚恐怖地阻止道，

"Diē yídìng huì mà wǒ, tā míngmíng shì wèizhe wǒ hǎo,
“爹一定会骂我，他明明是为着我好，

wǒ nǎr hái gǎn duì tā shuō zhè zhǒng huà?"
我哪儿还敢对他说这种话？”

Zhèng shuōzhe, Méi de jiěfu, wánggù de Huì de
正说着，枚的姐夫、亡故的蕙的

zhàngfu Zhèng Guóguāng cóng kāizhe de zhōngmén zǒu le
丈夫郑国光 [4] 从开着的中门走了

jìnlái.
进来。

Huì qùshì yǐhòu, Guóguāng yě bù cháng dào Zhōu jiā
蕙去世以后，国光也不常到周家

lái, zhè tiān shì Méi de fùqin Zhōu Bótāo bǎ tā qǐnglái
来，这天是枚的父亲周伯涛把他请来

de. Juéxīn jiàndào tā xīnli shífēn bú tòngkuài.
的。觉新见到他心里十分不痛快。

Zhōu Bótāo rèqíng de bǎ Guóguāng qǐngdào shūfáng li
周伯涛热情地把国光请到书房里

1. 枯瘦: skinny

2. 青: blue (or green)

3. 面影: face

4. 郑国光: Zheng Guoguang, name

61

tán shī lùn wén, hái yào Méi zuò zài pángbiān jìngjìng de tīng tā-
谈 诗 论 文 , 还 要 枚 坐 在 旁 边 静 静 地 听 他

men jiǎnghuà.
们 讲 话 。

"Féng Lǎo ❶ zhēn shì lǎodāng-yìzhuàng, tā zuì-
"冯 老 ❶ 真 是 老 当 益 壮 ¹ , 他 最

jìn nà piān wénzhāng jiǎnzhí shèngguò Liù Cháo zhūfù, fēi
近 那 篇 文 章 简 直 胜 过 六 朝 诸 赋 ❷ , 非

cǐ lǎo bù néng xiěchū cǐ wén." Tāmen tándào Féng Lèshān
此 老 不 能 写 出 此 文 。 " 他 们 谈 到 冯 乐 山

de shíhou, Guóguāng déyì de chēngzàn dào.
的 时 候 , 国 光 得 意 地 称 赞 道 。

Zhōu Bótāo bìng méiyǒu dúguò Féng Lèshān zuìjìn xiě
周 伯 涛 并 没 有 读 过 冯 乐 山 最 近 写

de shénme wénzhāng, búguò tā bú yuànyì ràng Guóguāng zhī-
的 什 么 文 章 , 不 过 他 不 愿 意 让 国 光 知

dào. Tā hánhu de dāyingle yì shēng, biǎoshì tā tóngyì
道 。 他 含 糊 地 答 应 了 一 声 , 表 示 他 同 意

Guóguāng de jiànjiě, tóngshí tā bǎ huàtí zhuǎndào lìng yì
国 光 的 见 解 ² , 同 时 他 把 话 题 转 到 另 一

piān wénzhāng shang, shuō: "Chūnqiū bǐfǎ, zìzì yǒu-
篇 文 章 上 , 说 : " 春 秋 笔 法 ❸ , 字 字 有

lì, wǒ zhǐyǒu pèifú. Hái yǒu tā de zhí'ér, jiùshì
力 , 我 只 有 佩 服 。 还 有 他 的 侄 儿 , 就 是

Méi'ér de yuèfù, shì dāngdài jīngxué dàjiā." Tā diào-
枚 儿 的 岳 父 ³ , 是 当 代 经 学 大 家 ❹ 。 " 他 掉

tóu kànle Méi yì yǎn, Méi dǎnqiè de biànle liǎnsè.
头 看 了 枚 一 眼 , 枚 胆 怯 地 变 了 脸 色 。

"Yuèfù shuō de shì, Féng Lǎo tíchàng guócuì,
" 岳 父 说 得 是 , 冯 老 提 倡 ⁴ 国 粹 ⁵ ,

1. 老当益壮: old but vigorous
2. 见解: view, opinion
3. 岳父: father-in-law (wife's father)
4. 提倡: to advocate
5. 国粹: the cultural quintessence of a nation

pēngjī   xīfāng   xiéshuō,   zhè zhǒng bùqū-bùnáo   de wèi-
抨击¹ 西方 邪说², 这种 不屈 不挠³ 的 卫

dào   jīngshen, zhēn kěyǐ   dòng tiāndì   ér qì guǐshén.
道❺精神，真 可以 动 天 地 而 泣 鬼神❻。

Tīngshuō yǒu xiē niánqīng xuésheng zài wàimian yìn   bàozhǐ,
听说 有 些 年轻 学 生 在 外面 印⁴ 报纸，

sànbù   yáoyán,   zhuān gēn tā   zuòduì.   Zhēnzhèng qǐyǒu-
散布⁵ 谣言⁶，专 跟 他 作对。真 正 岂有

cǐlǐ
此理⁷！"

                        "Nǐ shuō de zhēn duì!"   Bótāo gāoxìng de shuō, "Xiàn-
"你 说 得 真 对！" 伯涛 高兴 地 说，"现

zài yìbān niánqīngrén de máobìng   jiùshì zài 'fúkuā'   èr
在 一般 年 轻 人 的 毛病⁸ 就是 在 '浮夸⁹' 二

zì. Zhè dōu shì xīn xuétáng jiāo chūlái de.   Shèngrén   de
字。这 都 是 新 学堂 教 出来 的。圣人¹⁰ 的

shū nǎi shì   lìshēn zhī dàběn,   bù dú shèngrén shū zěn-
书 乃是¹¹ 立身 之 大本¹²，不 读 圣人 书 怎

me nénggòu lìshēn zuòrén? Gèng bù shuō   qíjiā-zhìguó!"
么 能够 立身 做人？更 不 说 齐家治国¹³！"

Shuōdào zhèlǐ,   tā kànjiàn tā de   nǚxu Zhèng Guóguāng
说 到 这里，他 看见 他 的 女婿❼郑 国 光

gōngjìng de diǎnzhe tóu,   yīncǐ gèngjiā   déyì de   shuō:
恭敬 地 点着 头，因此 更加 得意 地 说：

    "Suǒyǐ wǒ búyào Méi'ér jìn xīn xuétáng dúshū.   Zhège
"所以 我 不要 枚儿 进 新 学堂 读书。这个

háizi bú huì yǒu duō dà chūxi.   Búguò tā bǐ qǐ yìbān
孩子 不 会 有 多 大 出息。不过 他 比 起 一般

xīn xuésheng què chénjìng de duō.   Wǒ jiù kàn bu guàn xīn xué-
新 学生 却 沉静¹⁴ 得 多。我 就 看 不 惯 新 学

---

1. 抨击: to assail
2. 邪说: fallacy
3. 不屈不挠: unyielding
4. 印: to print
5. 散布: to spread
6. 谣言: rumour
7. 岂有此理: outrageous
8. 毛病: trouble, shortcoming
9. 浮夸: boasting and exaggeration
10. 圣人: sage
11. 乃是: to be
12. 立身之(大)本: foundation of establishing oneself in life
13. 齐家治国: to govern the family and the nation
14. 沉静: quiet

63

sheng, bǐrú wǒ dì-èr ge wàisheng, nàzhǒng mùkōng-yí-
生，比如我第二个外甥¹，那种目空一

qiè de yàngzi, shuō qǐ huà lái yì zuǐ de xīn míngcí. Jìn-
切²的样子，说起话来一嘴的新名词。近

lái yòu tóng yìxiē ài dǎoluàn de xuésheng zài yìqǐ hùn.
来又同一些爱捣乱的学生在一起混³。

Suǒyǐ wǒ bú ràng Méi'ér qù Gāo jiā dāguǎn, yě bú yuàn
所以我不让枚儿去高家搭馆，也不愿

yì fàng tā dào Gāo jiā qù. Yào shì nǐ néng cháng lái jiàodǎo
意放他到高家去。要是你能常来教导

jiàodǎo tā, tā dào yǒu jìnyì de.'
教导⁴他，他倒有进益⁵的。"

Zhōu Bótāo chángpiān-dàlùn de shuōzhe. Zhèng Guó-
周伯涛长篇大论地说着。郑国

guāng mǎnyì de zhāngzhe zuǐ wēixiào. Méi tīngzhe fùqin de
光满意地张着嘴微笑。枚听着父亲的

huà, xiàng diàojìnle bīngjiào li yíyàng. Zhōu Bótāo méi-
话，像掉进了冰窖⁶里一样。周伯涛没

yǒu xiǎngdào tā de érzi huì yǒu lìng yì zhǒng xīnqíng, tā
有想到他的儿子会有另一种心情，他

gēnběn bù liúxīn Méi de liǎnsè.
根本不留心枚的脸色。

1. **外甥**：nephew (sister's son)
2. **目空一切**：to consider everybody and everything beneath one's notice
3. **混**：to mingle with
4. **教导**：to instruct
5. **进益**：progress
6. **冰窖**：icehouse

Tips

❶ ⋯⋯老: A respectful expression used after a person's surname or given name.

❷ 六朝诸赋: 赋 is a form of ancient writing which combined verse and prose and was popular during the Han, Wei and the Six dynasties (Wu, Eastern Jin, Song, Qi, Liang and Chen) between the third century and the end of the sixth century. 六朝诸赋 refers to all the 赋 written by the famous authors of that period.

❸ 春秋笔法：春秋 is the title of a chronological history of ancient China. 笔法 means style or features of writing. 春秋笔法 refers to a style of writing which is simple and terse but contains elevated or derogatory implications.

❹ 经学大家：Formerly the Confucian classics were called 经 and the learning devoted to the study of Confucian classics was called 经学. 大家 means "master" and 经学大家 a "celebrated master of the Confucian classics".

❺ 卫道：To defend the prevailing ideological system.

❻ 动天地而泣鬼神：Move Heaven and Earth and cause the ghosts and gods to weep – touch one to the heart.

❼ 女婿：One's daughter's husband. In spoken Chinese, it also means one's husband.

Questions

1. 婚期越来越近，枚却是垂头丧气的，为什么？
2. 郑国光是个什么样的人？觉新的大舅周伯涛为什么和他那么谈得来？

十一、婚礼和灵柩

Méi jiéhūn le.
枚结婚了。

Jiùshì de hūnlǐ shífēn fùzá, Zhōu jiā yìzhí
旧式的婚礼十分复杂，周家一直

mángluàn le hǎo jǐ tiān. Jǔxíng hūnlǐ de zhè yì tiān, rénmen
忙乱[1]了好几天。举行婚礼的这一天，人们

qǐ de hěn zǎo. Zhěnggè báitiān, rénmen búduàn de jìnjìn-
起得很早。整个白天，人们不断地进进

chūchū. Suǒnà shēng, biānpào shēng, cáozá de rén shēng
出出。唢呐声、鞭炮[2]声、嘈杂[3]的人声

jiēlián búduàn, Zhōu gōngguǎn fēicháng rènao ér yòu fēi-
接连不断[4]，周公馆非常热闹而又非

cháng língluàn. Hūnlǐ shì yóu Zhōu Bótāo zhǔchí de. Jué-
常凌乱[5]。婚礼是由周伯涛主持[6]的。觉

xīn suīrán bìng bú zànchéng zhè mén qīnshì, què háishi zuò
新虽然并不赞成这门亲事，却还是做

le Zhōu Bótāo de délì bāngshǒu.
了周伯涛的得力[7]帮手[8]。

Méi chuānzhe chángpáo mǎguà, zuòzhe fùqin fēn-
枚穿着长袍[9]马褂[10]，做着父亲吩

fù tā zuò de yíqiè. Tā fǎngfú shì yí gè luòrù mókū
咐他做的一切。他仿佛是一个落入魔窟[11]

li de xiǎohái, yì zhī jùshǒu zài wánnòng tā, wēixié
里的小孩，一只巨[12]手在玩弄[13]他、威胁

1. **忙乱**: in a rush and a muddle
2. **鞭炮**: fire crackers
3. **嘈杂**: noisy
4. **接连不断**: in rapid succession
5. **凌乱**: disorder
6. **主持**: to preside over
7. **得力**: capable
8. **帮手**: assistant
9. **长袍**: gown
10. **马褂**: mandarin jacket worn over a gown
11. **魔窟**: den of monsters
12. **巨**: gigantic
13. **玩弄**: to play with

66

他。 *Juéxīn suīrán cóng nèixīn li tóngqíng tā, jiélì àn-*
觉新虽然从内心里同情他，竭力¹暗

àn wèi tā kāituō, què bù néng bǎ tā cóng zhè zhī jùshǒu
暗²为他开脱³，却不能把他从这只巨手

li jiù chūlái. Méi de liǎnsè cǎnbái, nèiyī quán hàn shī
里救出来。枚的脸色惨白⁴，内衣全汗湿

le, shēnzi búzhù de huàngdòng. Zuò fùqin de Zhōu Bó-
了，身子不住地晃动。做父亲的周伯

tāo què shénme yě méiyǒu zhùyì dào. Zhè wèi Zhōu jiā de jiāzhǎng
涛却什么也没有注意到。这位周家的家长

wánquán bèi yānméi zài kuàilè lǐmian le. Tā hěn gāoxìng
完全被淹没⁵在快乐里面了。他很高兴

de tǎole xífù, érqiě tóng "dāngdài dàrú" Féng Lè-
地讨了媳妇❶，而且同"当代大儒"冯乐

shān jiéle qīnqi. Zhè yì tiān yǔqí shuō shì Méi de jí-
山结了亲戚。这一天与其说是枚的吉

rì, dào bùrú shuō shì Zhōu Bótāo de xǐqìng rìzi.
日⁶，倒不如说是周伯涛的喜庆⁷日子。

Yì tiān xiàwǔ, dàyuē shì Méi hūn hòu liǎng gè xīngqī
一天下午，大约是枚婚后两个星期

guāngjǐng, Juéxīn yìngle Zhōu lǎotàitai de yāoqǐng yòu lái
光景，觉新应了周老太太⁸的邀请又来

dào Zhōu jiā. Zhècì shì wèile shāngyì Huì xiàzàng de
到周家。这次是为了商议⁹蕙下葬¹⁰的

shì. Zhōushì hé Shūhuá yǐjīng xiān dào le. Tāmen zhèng péi-
事。周氏和淑华已经先到了。她们正陪

zhe Zhōu lǎotàitai hé Chénshì shuōhuà.
着周老太太和陈氏¹¹说话。

Huì qùshì bàn nián le, dànshì tā de língjiù yìzhí
蕙去世半年了，但是她的灵柩一直

1. 竭力：with all effort
2. 暗暗：secretly, privately
3. 开脱：to plead for
4. 惨白：pale
5. 淹没：to drown
6. 吉日：happy day
7. 喜庆：jubilation
8. 周老太太：Mrs Zhou, name
9. 商议：to discuss
10. 下葬：to bury (the deceased)
11. 陈氏：Mrs Chen, name

67

bèi rēng zài nígū'ān li. Bàn nián lái, tā de zhàngfu
被扔在尼姑¹庵²里。半年来，她的丈夫

Zhèng Guóguāng jiù méiyǒu qù kànguò yí cì, zuìjìn liǎng-sān
郑国光就没有去看过一次，最近两三

gè yuè Zhèng jiā shènzhì méiyǒu chāi yí gè dǐxiarén qù kàn-
个月郑家甚至没有差一个底下人去看

guò. Xiànzài tīngshuō Zhèng Guóguāng yòu yào xùxián le.
过。现在听说郑国光又要续弦了。

Xùxián yǐhòu, Huì de shīgú qǐ bú yào làn zài nígū-
续弦以后，蕙的尸骨岂不要烂³在尼姑

ān li. Dànshì, Huì de fùqin Zhōu Bótāo duì cǐ què wú-
庵里。但是，蕙的父亲周伯涛对此却无

dòng-yúzhōng. Zhōu lǎotàitai jiǎngqǐ zhèxiē, jiù shífēn
动于衷⁴。周老太太讲起这些，就十分

qìfèn.
气愤。

Juéxīn xīnli hěn tòngkǔ, kàndào Zhōu lǎotàitai zhè-
觉新心里很痛苦，看到周老太太这

cì xià juéxīn yào bàn zhè jiàn shì, juéde zìjǐ yīnggāi jìn
次下决心要办这件事，觉得自己应该尽

yìdiǎn lì, biàn gǔdòng Zhōu lǎotàitai dào: "Zhècì hái
一点力，便鼓动⁵周老太太道："这次还

yào qǐng wàipó zuòzhǔ, cuī dà jiù qù zhǎo Zhèng jiā bàn jiāo-
要请外婆做主，催大舅去找郑家办交

shè, ràng Huì biǎomèi de língjiù zǎorì xiàzàng, sǐzhě dé-
涉，让蕙表妹的灵柩早日下葬，死者得

dào yí gè guīsù, dàjiā yě ānxīn yìdiǎn..." Jué-
到一个归宿⁶，大家也安心⁷一点……"觉

xīn de jǐ jù huà shuō de Zhōu lǎotàitai luò xià lèi lái.
新的几句话说得周老太太落下泪来。

1. 尼姑：Buddhist nun
2. 庵：Buddhist convent
3. 烂：rotten
4. 无动于衷：untouched
5. 鼓动：to instigate
6. 归宿：a home to return to
7. 安心：to feel at ease

"今晚上等他回来，我就对他说，他不肯办，我自己来办！"周老太太坚决地说。

但是，到了晚上，周伯涛回来，听完周老太太的话以后，仍然是不说办，也不说不办，脸上毫无表情。他的态度激怒了陈氏和周老太太。

"我问你，蕙儿的灵柩是不是应当下葬？你倒说话呀！难道你要让它烂在尼姑庵里头？"陈氏忍不住质问道。

"蕙儿嫁到郑家，死了也是郑家的人。郑家世代书香，哪有不知礼节的道理？你女人家不懂的事，不要多嘴！"周伯涛教训陈氏道。

"你胡说！"周老太太骂道，"什么混账[1]道理？你说女人家不懂事，难道你

1. 混账: damned

69

自己不是女人生的？你的书都读到牛肚
子里去了！你这一辈子除了靠父亲的田
产吃饭，还有什么本事？你东也礼节，
西也礼节，难道你的礼节就没有一点
人性[1]？"

在母亲的盛怒[2]之下，周伯涛埋着
头，一声不响。觉新轻轻地嘘[3]了一口
气。淑华觉得一阵痛快。

"当初我不愿意把蕙儿嫁到郑家，
你一定要，结果怎样？"周老太太越说
越气，"我的孙女儿是嫁给郑家做媳妇
的，不是卖给他们随便糟蹋[4]的。如今弄
到死无葬身的地步[5]，我做祖母的还不
能说话？我问你，你到底去不去交涉？"

周伯涛摇摇头固执地答道："妈吩

1. 人性: human nature
2. 盛怒: rage
3. 嘘: to breathe with a relief
4. 糟蹋: to ruin; to insult
5. 地步: extent

70

fù shénme, wǒ dōu tīngcóng, wéidú zhè jiàn shìqing wǒ bàn

咐什么，我都听从，唯独¹这件事情我办

bu dào."

不到。"

"Nǐ bàn bu dào, wǒ zìjǐ lái bàn. Wǒ zìjǐ huì

"你办不到，我自己来办。我自己会

zhǎo Zhèng jiā jiāoshè."

找郑家交涉。"

"Mā, nǐ bù néng zhèyàng zuò. Rénjiā Zhèng jiā huì

"妈，你不能这样做。人家郑家会

chīxiào wǒmen bù dǒng guīju." Zhōu Bótāo gōngjìng de

耻笑²我们不懂规矩。"周伯涛恭敬地

quànzǔ dào. Zhōu lǎotàitai qì de chuǎnxī bù zhǐ, bàntiān

劝阻道。周老太太气得喘息不止，半天

cái hǎndào: "Tiān à, wǒ zěnme shēngchū nǐ zhè zhǒng bù

才喊道："天啊，我怎么生出你这种不

dǒng rén huà de chùsheng! Dào shuō wǒ bù dǒng guīju. Bù-

懂人话的畜生³！倒说我不懂规矩。不

guǎn zěnyàng, xiàn nǐ yí gè yuè nèi bǎ shìqing gěi wǒ bàn-

管怎样，限⁴你一个月内把事情给我办

hǎo. Nǐ bú bàn, wǒ jiù ná zhè tiáo lǎo mìng gēn nǐ pīn

好。你不办，我就拿这条老命跟你拼⁵

le! Wǒ búyào huó le!" Shuōwán, tā tūrán zhàn qǐ-

了！我不要活了！"说完，她突然站起

lái, qìchōngchōng de chūqù le. Shūhuá, Chénshì děng yě

来，气冲冲地出去了。淑华、陈氏等也

dōu lìjí gēnzhe pǎole chūqù. Juéxīn kànzhe Zhōu

都立即跟着跑了出去。觉新看着周

Bótāo.

伯涛。

1. 唯独：only
2. 耻笑：to sneer at
3. 畜生：beast, swine
4. 限：to permit
5. 拼：to risk one's life (to fight)

71

Zhōu Bótāo   dāidāi de   zhànzhe,   bù zhī   gāi zěnyàng zuò
周伯涛呆呆地站着，不知该怎样做

cái hǎo.
才好。

Tip

❶ 媳妇：Daughter-in-law, son's wife. In this sense, we may also say 儿媳妇. Sometimes 媳妇 refers to one's wife or a young married woman. 弟媳妇 in the following text means one's younger brother's wife.

Questions

1. 枚结婚，为什么枚的父亲比枚还要高兴？
2. 周老太太为了什么事和自己的儿子周伯涛吵了起来？

十二、家 运[1]

Zhèng Guóguāng jièkǒu "rén bù shūfu", bùkěn dào
郑国光 借口 "人不舒服[2]", 不肯到

Zhōu jiā lái. Zhōu lǎotàitai zhǐhǎo qǐng Juéxīn qīnzì dào
周家来。 周老太太只好请觉新亲自到

Zhèng jiā qù yí tàng. Zài Juéxīn de dāngmiàn jiāoshè xià,
郑家去一趟。 在觉新的当面[3]交涉下,

Zhèng Guóguāng bù hǎo tuītuō, dāying zài xià yuè chūsì yí-
郑国光 不好推托[4], 答应在下月初四一

dìng ānzàng Huì de língjiù. Dāng juéxīn bǎ zhège jiéguǒ
定安葬蕙的灵柩。 当觉新把这个结果

bàogào gěi Zhōu jiā de shíhou, Zhōu lǎotàitai hé Chénshì duì
报告给周家的时候, 周老太太和陈氏对

Juéxīn shuōle xǔduō gǎnjī de huà, lián Zhōu Bótāo yě lù-
觉新说了许多感激的话, 连周伯涛也露

chūle xiàoróng. Zhōu jiā yìjiārén de zhēnchéng gǎnjī,
出了笑容。 周家一家人的真诚[5]感激,

shǐ Juéxīn xiǎngle hěnduō. Tā xiǎngdào zìjǐ yě céngjīng
使觉新想了很多。 他想到自己也曾经

wèi bǎ Huì sòngshàng sǐlù ér chūlì, xiǎngdào Huì de língjiù
为把蕙送上死路而出力, 想到蕙的灵柩

zhìjīn hái rēng zài pò ān li, jiù gǎndào shuō bu chū de huǐ-
至今还扔在破庵里, 就感到说不出的悔

hèn hé cánkuì.
恨和惭愧。

1. 家运: family lot
2. 舒服: comfortable
3. 当面: to one's face
4. 推托: to offer as an excuse (for not doing sth.)
5. 真诚: sincere

Líkāile Zhōu jiā, Juéxīn dàole shìwùsuǒ. Kè-
离开了周家，觉新到了事务所。克

ān hé chàng xiǎodàn de Zhāng Bìxiù zài tā de bàngōng-
安和唱小旦❶的张碧秀¹在他的办公

shì li děng tā, qǐng tā yídào qù gěi Zhāng Bìxiù mǎi yī-
室里等他，请他一道²去给张碧秀买衣

liào. Juéxīn péi Kè'ān, Zhāng Bìxiù mǎiwán yīliào, yí
料。觉新陪克安、张碧秀买完衣料，一

gè rén huídào bàngōngshì. Tā fānkāi bàozhǐ, dàochù dōu
个人回到办公室。他翻开报纸，到处都

shì shǐ rén bù yúkuài de xiāoxi: Xiāngxià tǔfěi héng-
是使人不愉快的消息：乡下土匪³横

xíng; zhùjūn rènyì zhēngshuì; nèizhàn réng zài gè chù jìn-
行；驻军任意征税；内战⁴仍在各处进

xíng... Tā fàngxià bàozhǐ, yǎnqián yòu chūxiànle gāng-
行……他放下报纸，眼前又出现了刚

cái mǎi yīliào shí, xǔduō rén wéi kàn Zhāng Bìxiù de qíng-
才买衣料时，许多人围⁵看张碧秀的情

jǐng. Tā xīnli hěn fánmèn, jiù zài zhège shíhou, Kèmíng
景。他心里很烦闷，就在这个时候，克明

cóngróng de zǒujìnle bàngōngshì. Juéxīn liánmáng bǎ Kè-
从容⁶地走进了办公室。觉新连忙把克

míng ràngdào téngyǐ shang zuòxià, yímiàn jiào rén dàochá,
明让到藤椅上坐下，一面叫人倒茶，

yímiàn duì Kèmíng shuō: "Sān bà hǎojiǔ bú dào zhèr lái
一面对克明说："三爸好久不到这儿来

le, shì bu shì yào mǎi dōngxi?"
了，是不是要买东西？"

"Nǐ sān shěn yào wǒ gěi tā mǎi diǎn dōngxi, wǒ xiān
"你三婶要我给她买点东西，我先

1. 张碧秀: Zhang Bi-xiu, name
2. 一道: together
3. 土匪: local bandit
4. 内战: civil war
5. 围: to surround
6. 从容: calm

74

dào zhèr lái zuòzuo."
到这儿来坐坐。"

"Sì bà xiānqián yě láiguò." Juéxīn xiàozhe shuō.
"四爸先前也来过。"觉新笑着说。

"Wǒ gānggāng kànjiàn tā gēn yí gè chàng xiǎodàn de
"我刚刚看见他跟一个唱小旦的

zài yìqǐ." Kèmíng zhòuqǐ méitóu shuō, tíngle yīhuìr,
在一起。"克明皱起眉头说,停了一会儿,

yòu wèn: "Tīng shuō sì dì, wǔ dì hái bǎ xiǎodàn dài dào jiā
又问:"听说四弟、五弟还把小旦带到家

lǐ láiguò, nàge xiǎodàn shì bu shì jiào Zhāng Bìxiù?"
里来过,那个小旦是不是叫张碧秀?"

"Shì de." Juéxīn dī shēng huídá.
"是的。"觉新低声回答。

"Zhēn shì yuè nào yuè bù chéng huà le! Sì dì zuò
"真是越闹越不成话❷了!四弟做

guò yí rèn¹ xiànguān², xiǎng bu dào xiànzài yě hūn chéng zhè-
过一任¹县官²,想不到现在也昏³成这

yàng!" Juéxīn chénmòzhe. Guòle bànshǎng, tā yòu cháng
样!"觉新沉默着。过了半晌,他又长

tàn yì kǒu qì shuō: "Diē zài de shíhou zǒng xīwàng tāmen
叹一口气说:"爹在的时候总希望他们

nénggòu xué hǎo. Wǒ kàn shì wúkějiùyào de le. Wǒmen
能够学好。我看是无可救药⁴的了。我们

jiā de jiāyùn wán le. Nǐ wǒ shì wǎnjiù bu liǎo de." Kè-
家的家运完了。你我是挽救不了的。"克

míng de yǔqì⁵ li chōngmǎn zhe fènnù, wǎnxī hé bēi-
明的语气⁵里充满着愤怒、惋惜⁶和悲

āi. Hūrán tā yòu jiānjué de shuō: "Búguò wǒ zài yì
哀。忽然他又坚决地说:"不过我在一

1. 任: a measure word for the tenure of office
2. 县官: county magistrate
3. 昏: muddle-headed
4. 无可救药: incorrigible
5. 语气: tone
6. 惋惜: pity

75

tiān, wǒ zǒng yào zhīchí yì tiān."
天，我总要支持¹一天。"

"Shì de, yīnggāi zhīchí." Juéxīn xīnli hěn
"是的，应该支持。"觉新心里很

gǎndòng.
感动。

"Diē bǎ zérèn fàng zài wǒ de jiānshang, wǒ yídìng
"爹把责任放在我的肩上，我一定

yào zhào tā de yìsi qù zuò," Kèmíng jìxù shuō, "Wǒ
要照他的意思去做，"克明继续说，"我

bù néng kànzhe tāmen bǎ jiāchǎn nòng guāng, wǒ bù néng
不能看着他们把家产²弄光，我不能

kànzhe tāmen diū diē de liǎn bù guǎn."
看着他们丢爹的脸不管。"

"Shì." Juéxīn xiǎngyìng shuō. Kèmíng bú zuòshēng
"是。"觉新响应³说。克明不作声

le, wūzi li zhǐyǒu tā hūlū hūlū de chōu shuǐyān-
了，屋子里只有他呼噜呼噜⁴地抽⁵水烟

dài de shēngyīn. "Nǐ sì bà dài Zhāng Bìxiù dào zhèr
袋⁶的声音。"你四爸带张碧秀到这儿

lái zuò shénme?" Kèmíng hūrán táiqǐ tóu wèn.
来做什么？"克明忽然抬起头问。

"Tāmen—" Juéxīn chíyíle yí xià, cái jiē
"他们——"觉新迟疑了一下，才接

xiàqù shuō, "Dào zhèr lái mǎi yīliào, mǎile yì bǎi duō
下去说，"到这儿来买衣料，买了一百多

kuài qián de."
块钱的。"

"Ài," Kèmíng tànle yì kǒu qì, yòu kéle liǎng-
"唉，"克明叹了一口气，又咳了两

1. 支持: to hold out; to support
2. 家产: property
3. 响应: to respond; to answer in agreement
4. 呼噜: wheeze
5. 抽: to smoke
6. 水烟袋: water pipe

三声，焦虑地说："像他们这样乱花钱，我看也没有几年好花。五弟的田已经卖得剩不到三分之一，字画也卖了不少。我看他们将来怎样下场[1]！"

"三爸可以劝劝他们。"觉新鼓起勇气建议道。

"本来我倒想好好教训他们一顿，"克明皱着眉头说，"不过家已经分了，我也很难讲话，何况[2]还有那么两个不明道理的弟媳妇。"说到这儿，他好像突然想起了一件重要的事情，说：

"我还要告诉你，陈姨太[3]想'抱'[3]个孙儿，打算把七娃子'抱'过去，我没有答应她，谁知今天四太太、五太太都先后找到你三婶，四太太要让她的六娃子过

1. 下场：to end up
2. 何况：not to mention
3. 陈姨太：Ms Cheng, name

77

jì, wǔ tàitai yào bǎ Xǐ gūniang shēng de jiǔ wázi
继，五太太要把喜姑娘生的九娃子

'bào' gěi Chén yítài." Kèmíng chīlì de shuōdào, liǎn
'抱'给陈姨太。"克明吃力地说道，脸

shang de biǎoqíng hěn jīfèn.
上的表情很激愤 1。

"Sān bà de yìsi ne?" Juéxīn xiǎoxīn de wèndào.
"三爸的意思呢？"觉新小心地问道。

"Wǒ kàn tāmen búguò kànshàngle Chén yítài de nà
"我看他们不过看上了陈姨太的那

suǒ fángzi hé yì qiān kuài qián gǔpiào. Fǎnzhèng jiù zhǐyǒu
所 2 房子和一千块钱股票 3。反正就只有

jǐ qiān kuài qián, ràng tāmen zhēng qù. Yǐhòu hái yǒu de
几千块钱，让他们争去。以后还有的

chǎo! Diē zài jiǔquán yàoshi zhīdào, yídìng huì qìhuài
吵！爹在九泉❹要是知道，一定会气坏

de." Kèmíng shuōwán, dǎo zài téngyǐ shang. Tā yǐjīng
的。"克明说完，倒在藤椅上。他已经

pífá dàole jídiǎn. Tiānqì mēnrè, tiānkōng jùjízhe
疲乏到了极点 4。天气闷热 5，天空聚集着

hēiyún, wūzi li yíxiàzi ànle xiàlái.
黑云，屋子里一下子暗了下来。

1. 激愤：indignant
2. 所：a measure word for houses
3. 股票：share certificate; stock
4. 极点：extreme
5. 闷热：sultry

Tips

❶ 小旦：Young female character type in traditional Chinese operas.

❷ 不成话：(Words or behaviour) unreasonable or absurd.

❸ 抱：To adopt a child as one's own. This is also called 过继.

❹ 九泉：Hell or the nether world（阴间）as referred to by superstitious people.

Questions

1. 克明是怎样一个人？对克安、克定和整个高家他是怎么看的？
2. 克明告诉觉新一件什么事情？

十三、摧 残

Juémín hé tā de péngyoumen chuàngbàn de *Lì qún-*
觉民和他的朋友们创办的《利群

Zhōubào kuài liǎng zhōunián le. Zhōubào de xiāolù yì tiān-
周报》快两周年了。周报的销路¹一天

tiān dǎkāi, yǐngxiǎng yì tiāntiān kuòdà. Jìnlái, Juémín měi
天打开，影响一天天扩大。近来，觉民每

ge xīngqī li, zǒng yǒu sān-sì gè wǎnshang dào Zhōubàoshè
个星期里，总有三四个晚上到周报社

qù tóng tā de péngyoumen yìqǐ gōngzuò. Tā chōngjǐngzhe
去同他的朋友们一起工作。他憧憬着

wèilái, chōngmǎnle xìnxīn, tāmen wú tiáojiàn, wú bào-
未来，充满了信心，他们无条件、无报

chóu de fèndòu zhe, mánglù zhe. Zhè tiān bàngwǎn, gāng
酬²地奋斗着、忙碌着。这天傍晚，刚

xiàguò yǔ, tiānqì fènwài liángshuǎng. Tāmen zài Zhōubào-
下过雨，天气分外凉爽。他们在周报

shè mángle yí gè wǎnshang, líqù de shíhou, yǐ shì èr
社忙了一个晚上，离去的时候，已是二

gēng shífēn le.
更时分了。

Zài lí jiā bù yuǎn de dìfang, Juémín yùdàole dà
在离家不远的地方，觉民遇到了大

gē Juémín duì tā shuōle jǐ jù huà, tā dōu méiyǒu huí-
哥。觉民对他说了几句话，他都没有回

1. **销路**: market, sale
2. **报酬**: reward

80

dá yí gè zì. Tā zhǐshì dīzhe tóu, hǎoxiàng wúfǎ shēn-
答一个字。他只是低着头，好像无法伸

zhí shēnzi, tǔ yì kǒu qì. Juémín gēn tāmen zǒu
直 ¹ 身子，吐 ² 一口气。觉民跟他们走

shàng dàtīng, jìnle guǎi mén, tūrán yātou Chūnlán de kū
上大厅，进了拐门 ³，突然丫头春兰的哭

shēng cóng yòubiān wūzi li fēi chūlái jiēzhe shì wǔ tài-
声从右边屋子里飞出来，接着是五太

tai Shěnshì de zémà shēng, zhúbǎn dǎ rén de shēng-
太沈氏的责骂 ⁴ 声、竹板打人的声

yīn. Yíhuìr, kū shēng biànchéngle āiháo, cáozá de
音。一会儿，哭声变成了哀号 ⁵，嘈杂的

shēngyīn li yòu xiǎngqǐle Xǐ gūniang de jiān shēng hé Shěnshì
声音里又响起了喜姑娘的尖声和沈氏

de bùkān-rù'ěr de zānghuà.
的不堪入耳 ⁶ 的脏话 ⁷。

Tāmen cái zǒule jǐ bù, hūrán kànjiàn yí gè rén-
他们才走了几步，忽然看见一个人

yǐng cóng wūzi li pǎo chūlái. "Sì mèi!" Juémín jīnghū-
影从屋子里跑出来。"四妹!" 觉民惊呼

le yì shēng. Shūzhēn xiàng tāmen de fāngxiàng pǎo guòlái,
了一声。淑贞向他们的方向跑过来，

pūdǎo zài Juémín huái li, Qìbùchéngshēng de shuō: "Dà
扑倒在觉民怀里 ⁸，泣不成声 ⁹ 地说："大

gē, èr gē, nǐmen jiùjiu wǒ!"
哥、二哥，你们救救 ¹⁰ 我!"

Bú yòng shuō, zhège nǚhái de bēijù shì míngbǎi-
不用说，这个女孩的悲剧 ¹¹ 是明摆 ¹²

zhe de: Tā de xiǎojiǎo, tā de liǎn, tā de shēngyīn, tā
着的：她的小脚、她的脸、她的声音、她

1. 伸直: to straighten
2. 吐: to breathe out
3. 拐门: corner door
4. 责骂: to scold
5. 哀号: to cry piteously
6. 不堪入耳: intolerable to the ear
7. 脏话: obscene words
8. 怀里: bosom
9. 泣不成声: to choke with sobs
10. 救: to save
11. 悲剧: tragedy
12. 摆: to show

de tàidu,   shènzhì tā de xìnggé,   méiyǒu yí yàng bú
的 态度 [1]，甚至 她 的 性格 [2]，没有 一样 不

shì zhège   jiātíng shēnghuó de jiéguǒ.   Tā shēnshang méiyǒu
是 这 个 家庭 生活 的 结果。她 身上 没有

yí chù bú dàihe yāzhì   hé cuīcán de biāojì.   Tā zhèng-
一 处 不 带着 压制 [3] 和 摧残 的 标记 [4]。她 正

zài yí bù yí bù de zǒu xiàng shēnyuān. Jǐ nián lái,   tāmen
在 一步 一步 地 走向 深渊。几年 来，他们

tīngguànle tā   qiúzhù de kūshēng, yǎnjiàn tā de xiǎoliǎn
听惯了 她 求助 的 哭声，眼见 她 的 小脸

yì tiān bǐ yì tiān cāngbái.   Juéxīn gǎndào bēitòng hé jué-
一天 比 一天 苍白。觉新 感到 悲痛 和 绝

wàng, Juémín zài zēnghèn hé tòngkǔ zhī wài, hái gǎndào yì
望，觉民 在 憎恨 和 痛苦 之外，还 感到 一

zhǒng zérènxīn,   tā yào bāng tā zhǎochū yì tiáo lù lái.
种 责任心，他 要 帮 她 找出 一条 路 来。

"Sì mèi, nǐ búyào nánguò, wǒmen mànmàn shāngliang Jué-
"四妹，你 不要 难过，我们 慢慢 商量。"觉

mín péizhe Shūzhēn láidào Shūhuá de fángjiān. Juéxīn kǔzhe
民 陪着 淑贞 来到 淑华 的 房间。觉新 苦着

liǎn huí zìjǐ fáng li qù le
脸 回 自己 房里 去 了。

"Sì mèi, Wǔ shěn yòu màguò nǐ shì bu shì? Wǔ shěn
"四妹，五婶 又 骂过 你 是 不是？五婶

zǒngshì ná sì mèi chūqì."   Kànjiàn lèiliúmǎnmiàn de Shū-
总是 拿 四妹 出气。"看见 泪流满面 的 淑

zhēn, Shūhuá fènfèn de shuō.
贞，淑华 愤愤 地 说。

Shūzhēn kūsù   dào: "Jīntiān shàngwǔ mā mà Xǐ gū-
淑贞 哭诉 [5] 道："今天 上午 妈 骂 喜 姑

1. 态度：attitude
2. 性格：character
3. 压制：to suppress
4. 标记：stamp, mark
5. 哭诉：to complain
tearfully

niang, diē bāng Xǐ gūniang jiǎngle jǐ jù huà, mā qì bu
娘，爹帮喜姑娘讲了几句话，妈气不

guò, jiù dǎ wǒ. Wǎnshang diē bú zài jiā. Mā kànjiàn Xǐ
过❶，就打我。晚上爹不在家。妈看见喜

gūniang dòu jiǔ dì, tā shēngqì, jiù dǎ Chūnlán, yòu gēn
姑娘逗¹九弟，她生气，就打春兰，又跟

Xǐ gūniang chǎo. Zhè rìzi wǒ shízài guò bu xiàqù
喜姑娘吵。这日子我实在过不下去

le..."
了……"

"Zìjǐ shòule biérén de qì, zhǐ gǎn ná qīnshēng
"自己受了别人的气，只敢拿亲生²

nǚ'ér chūqì, zhēnzhèng qǐyǒu-cǐlǐ! Sì mèi, yě guài
女儿出气，真正岂有此理！四妹，也怪

nǐ tài lǎoshi, tài ruǎnruò le! Wǒ rúguǒ shì nǐ," Shuō
你太老实³，太软弱了！我如果是你，"说

dào zhèr, Shūhuá shùqǐ méimao, liǎng yǎn shèchū
到这儿，淑华竖⁴起眉毛，两眼射出

guāngmáng," Wǒ yídìng bú xiàng nǐ shénme dōu rěnshòu."
光芒，"我一定不像你什么都忍受。"

"Nǐ wàngjì le 'fù yào zǐ wáng, bù wáng bú xiào'?
"你忘记了'父要子亡，不亡不孝❷'？"

Juémín gùyì zài pángbiān chāzuǐ.
觉民故意在旁边插嘴。

"Èr gē, nǐ búyào jī wǒ!" Shūhuá tǎnbái de
"二哥，你不要激⁵我！"淑华坦白地

duì Juémín shuō, "Wǒ jiù bú xìn zhè zhǒng wāilǐ, wúlùn
对觉民说，"我就不信这种歪理⁶，无论

shénme shì, zǒng děi yǒu ge shìfēi. Fùmǔ de huà, shuō
什么事，总得有个是非。父母的话，说

1. 逗：to play with
2. 亲生：one's own
3. 老实：honest
4. 竖：to erect; to raise
5. 激：to goad
6. 歪理：false reasoning

de bú zàilǐ, jiù bù yīngdāng tīng."
得不在理 [1]，就不应当 [2] 听。”

Juémín xiào le. Shūhuá bǎ huà shuō de zhèyàng
觉民笑了。淑华把话说得这样

míngbai, tàidu zhèyàng jiānjué, tā hěn mǎnyì.
明白，态度这样坚决 [3]，他很满意。

Shūhuá wèn Shūzhēn dào: "Sì mèi, nǐ juéde wǒ shuō
淑华问淑贞道：“四妹，你觉得我说

de duì bu duì?"
得对不对？”

Shūzhēn de liǎn shang méiyǒu lèi le tīngjiàn Shūhuá tū-
淑贞的脸上没有泪了，听见淑华突

rán wèn tā, tā zhǐ huánghuò de huídá shuō: "Wǒ bù
然问她，她只惶惑 [4] 地回答说：“我不

zhīdào. Wǒ bǐ bu shang nǐ sān jiě, wǒ shénme dōu
知道。我比不上你，三姐，我什么都

bù dǒng."
不懂。”

Shūhuá hé Juémín jiǔjiǔ de kànzhe Shūzhēn. Shūhuá
淑华和觉民久久地看着淑贞。淑华

zhīdào, tā mùqián xūyào de shì tóngqíng, ānwèi hé bāng-
知道，她目前 [5] 需要的是同情、安慰和帮

zhù. Tā ràng Shūzhēn jīnwǎn jiù zhù zài zhèr, búyào huí-
助。她让淑贞今晚就住在这儿，不要回

qù le. Juémín chénsīzhe, tā xiǎng: "Wǒ yào bāngzhù
去了。觉民沉思着，他想：“我要帮助

tā, wǒ bìxū xiān shǐ tā dǒngde yíqiè..."
她，我必须先使她懂得一切……”

1. 在理：reasonable

2. 应当：should

3. 坚决：firm, resolute

4. 惶惑：puzzled and startled

5. 目前：at present

Tips

❶ 气不过 : Too angry to make any response, extremely angry.

❷ 父要子亡, 不亡不孝: According to feudal moral standards, the father has absolute authority over his son. If the father orders his son to die, the son must obey, otherwise he contravenes filial piety.

Questions

1. 淑贞为了什么事向觉新和觉民求救？觉新和觉民是什么态度？淑华又是怎么看待这一切的？

2. 试比较一下淑华和淑贞有什么不同。

十四、在另一个公馆里

Liánrì de píláo hé fánnǎo, shǐ Juéxīn bùzhī-bù-
连日的疲劳[1]和烦恼，使觉新不知不

jué pā zài shūzhuō shang shuìzhe le. Hūrán, yí gè shóu-
觉[2]趴[3]在书桌上睡着了。忽然，一个熟

xī de shēngyīn qīngqīng de huàn tā. Tā táiqǐ tóu, kànjiàn
悉的声音轻轻地唤他。他抬起头，看见

Huì chuānzhe yì shēn sùjìng de yīfu zhàn zài tā miànqián,
蕙穿着一身素净[4]的衣服站在他面前，

tā yòu zhùyì dào tā de tóu shang, shēn shang dōu shì shuǐlín-
他又注意到她的头上、身上都是水淋

lín de, biàn jīngyà de wèn: "Huì biǎomèi, nǐ zěnme
淋[5]的，便惊讶地问："蕙表妹，你怎么

le?" Tā táiqǐ tóu, lèiwāngwāng de kànzhe tā, hū-
了？"她抬起头，泪汪汪[6]地看着他，忽

rán bèngchū kū shēng dào: "Dà biǎogē, nǐ jiùjiu wǒ ba!
然迸出哭声道："大表哥，你救救我吧！

wǒ shízài rěn bu xiàqù le." Tā cǎntòng de qiúzhù
我实在忍不下去了。"她惨痛[7]的求助

de shēngyīn zài gē tā de xīn.
的声音在割他的心。

Dànshì, yǎn qián yízhèn míngliàng, tā juéde yì zhī
但是，眼前一阵明亮[8]，他觉得一只

shǒu dā zài tā de jiān shang, tā táiqǐ tóu, Shūhuá wēixiào
手搭在他的肩上，他抬起头，淑华微笑

1. 疲劳: tired, weary
2. 不知不觉: without one's knowing it; unwittingly
3. 趴: to lean on
4. 素净: plain-coloured
5. 水淋淋: soaked through
6. 泪汪汪: with tears
7. 惨痛: painful
8. 明亮: bright

de zhàn zài tā de miànqián.　Tā zuòmèng le.
地站在他的面前。他做梦了。

"Nǐ zuòmèng?　Mèng jiàn nǎ　yí　gè?"　Shūhuá
"你做梦？梦见哪一个？"淑华

wèndào.
问道。

Juéxīn　tànxī　shuō:　"Wǒ mèng jiàn Huì biǎomèi,　tā
觉新叹息说："我梦见蕙表妹，她

xiàng wǒ qiújiù."
向我求救。"

Chū sì　báibái　de　guòqù le.　Zhèng Guóguāng fǎngfú
初四白白地过去了。郑国光仿佛

wánquán　wàngjìle　tā　dāying Juéxīn de huà,　tā tuī shuō
完全忘记了他答应觉新的话，他推说

yǒu bìng,　jù　bú lùmiàn.　Huì de　língjiù réngjiù lěnglěng-qīng-
有病，拒¹不露面。蕙的灵柩仍旧冷冷清

qīng de bèi rēng zài　nígū'ān li.　Chū liù xiàwǔ Juéxīn yòu
清地被扔在尼姑庵里。初六下午觉新又

yí　cì dào Zhèn jiā qù,　kàndào Zhèng jiā　zhāngdēng-jiécǎi,
一次到郑家去，看到郑'家张灯结彩，

Zhèng Guóguāng mǎshàng jiù yào xùxián le.　Juéxīn zhǎo bu
郑国光马上就要续弦了。觉新找不

dào Zhèng Guóguāng,　zhǐhǎo　gǎndào Zhōu jiā　bǎ zhège zhòng-
到郑国光，只好赶到周家把这个重

yào de　xiāoxi duì Zhōu　lǎotàitai hé Chénshì shuō le.　Zhōu
要的消息对周老太太和陈氏说了。周

Bótāo háishi　yíwèi　de tì Zhèng Guóguāng biànhù.
伯涛还是一味²地替郑国光辩护。

1. 拒: to refuse
2. 一味: invariably

"Nǐ zǒngshì yǒu lǐ!　Nǐ gěi wǒ chūqù!　Wǒ bú yào
"你总是有理！你给我出去！我不要

tīng nǐ de huà! Kuī nǐ háishi Huì'ér de fùqin! "Zhōu lǎo-
听你的话!亏你还是蕙儿的父亲!"周老

tàitai qì de bùdéliǎo, Zhōu Bótāo hái zhànzhe bú dòng,
太太气得不得了,周伯涛还站着不动,

Chénshì zēngwù de kànzhe tā. Qìfēn hěn jǐnzhāng. Jué-
陈氏憎恶¹地看着他。气氛很紧张。觉

xīn yě bù hǎo quàn.
新也不好劝。

Tūrán yí gè nǚrén de shēngyīn dǎpòle chénjì.
突然一个女人的声音打破了沉寂²。

"Nǐ shì shénme dōngxi? Nǐ gǎn gēn wǒ dǐngzuǐ?
"你是什么东西?你敢跟我顶嘴³?

Zhè zhǒng chá yě dào gěi wǒ hē? Nándào Zhōu jiā jiù méiyǒu
这种茶也倒给我喝?难道周家就没有

hǎo cháyè?" Jiēzhe shì shuāi cháwǎn de shēngyīn.
好茶叶?"接着是摔茶碗的声音。

Méi de qīzi, Zhōu jiā de sūn shǎonǎi yòu zài mà yā-
枚的妻子,周家的孙少奶又在骂丫

tou le. Tā jiàdào Zhōu jiā hòu, fā píqi, mà yātou,
头了。她嫁到周家后,发脾气,骂丫头,

méiyǒu yì tiān ānjìng guò.
没有一天安静过。

"Xiànzài wǒmen gōngguǎn lǐtou rènao le," Zhōu-
"现在我们公馆里头热闹了,"周

lǎotàitai zhǐzhe érzi de bízi lěngxiào dào, "Nǐ tiāo-
老太太指着儿子的鼻子冷笑道,"你挑⁴

le ge hǎo nǚxu bú suàn, yòu qǔlái ge hǎo érxífù! "
了个好女婿不算,又娶来个好儿媳妇!"

"Niánqīngrén zǒngshì zhèyàng, Méi wázi dào bǐ cóng-
"年轻人总是这样,枚娃子倒比从

1. 憎恶:to loathe
2. 沉寂:silence
3. 顶嘴:to retort
4. 挑:to choose

秋
Autumn

qián huódòng duō le." Zhōu Bótāo jiěshì shuō.
前活动多了。"周伯涛解释说。

"Nàme wǒ qǐng wèn nǐ, Huì'ér zài Zhèng jiā guò de
"那么我请问你，蕙儿在郑家过的

yòu shì shénme rìzi? Tā gěi rénjia zhémó sǐ le, yě
又是什么日子？她给人家折磨死了，也

tīng bu jiàn nǐ zuò fùqin de shuō yí jù huà. Xiànzài dào lún-
听不见你做父亲的说一句话。现在倒轮

dào wǒmen lái shòu érxífù de qì le." Chénshì bǎnzhe
到我们来受儿媳妇的气了。"陈氏板着

liǎn zhìwèn tā de zhàngfu.
脸质问他的丈夫。

Juéxīn kànjiàn zhè zhǒng qíngxíng yě bú biàn zài tíqǐ
觉新看见这种情形也不便再提起

Huì de língjiù de shì, biàn gàocí[1] huí jiā le. Juéxīn bǎ
蕙的灵柩的事，便告辞[1]回家了。觉新把

Zhèng Guóguāng jiā zhāngdēng-jiécǎi hé wàipó jiā fāshēng[2]
郑国光家张灯结彩和外婆家发生[2]

de yíqiè gàosule Juémín.
的一切告诉了觉民。

"Nà nǐ kàn zěnmebàn? Nándào jiù ràng Zhèng
"那你看怎么办？难道就让郑

Guóguāng zhèyàng nòng xiàqù ma?" Juémín wèndào.
国光这样弄下去吗？"觉民问道。

"Wǒ yòu yǒu shénme bànfǎ? Tāmen yìjiārén dōu
"我又有什么办法？他们一家人都

shì nàyàng. Wàipó kāishǐ hái hěn shēngqì, hòulái jiù bǎ
是那样。外婆开始还很生气，后来就把

Huì de shìqing gěi wàngjì le." Juéxīn yīnyù de shuō
蕙的事情给忘记了。"觉新阴郁[3]地说。

1. 告辞：to bid farewell
2. 发生：to happen
3. 阴郁：gloomy

"Bànfǎ shì yǒu de, bù xiǎode nǐmen kěn bu kěn
"办法是有的，不晓得你们肯不肯

zuò." Juémín déyì de xiào le, ránhòu xiángxì de xiàng
做。"觉民得意地笑了，然后详细地向

Juéxīn shuōchūle zìjǐ de jìhuà. Juéxīn tīngwán, xiǎng-
觉新说出了自己的计划。觉新听完，想

le yíhuìr shuōdào: "Wǒmen jiù zhào nǐ de bànfǎ shì
了一会儿说道："我们就照你的办法试

yí shì."
一试。"

Juémín de bànfǎ shíxiàn le. Jù bú lùmiàn de Zhèng
觉民的办法实现了。拒不露面的郑

Guóguāng zhōngyú bèipò hé Juéxīn, Juémín yìqǐ láidào
国光终于¹被迫和觉新、觉民一起来到

Zhōu jiā. Zhōu Bótāo qǐchū háishi yíwèi de bāngzhe Zhèng
周家。周伯涛起初还是一味地帮着郑

Guóguāng shuōhuà, qì de Zhōu lǎotàitai bǎ tā hōngle chū-
国光说话，气得周老太太把他轰²了出

qù. Zhōu Bótāo yì zǒu, Zhèng Guóguāng shīqùle kàoshān
去。周伯涛一走，郑国光失去了靠山³，

liǎn shang yòu xiànchūle jùpà hé jǔsàng de biǎoqíng
脸上又现出了惧怕⁴和沮丧的表情。

Tā bù gǎn zuòshēng le. Zài Zhōu lǎotàitai, Zhōushì hé Jué-
他不敢作声了。在周老太太、周氏和觉

mín, Juéxīn de bùbù-jǐnbī xià, tā zhǐhǎo lìxià zì-
民、觉新的步步紧逼下，他只好立下⁵字

jù, dāying zài xià ge yuè lǐtou gěi Huì xiàzàng. Juémín
据⁶，答应在下个月里头给蕙下葬。觉民

kànzhe Zhèng Guóguāng qiānwán zì yǐhòu suōzhe bózi,
看着郑国光签完字⁷以后缩⁸着脖子、

1. 终于: at last
2. 轰: to expel
3. 靠山: backer
4. 惧怕: fear
5. 立下: to put down (in writing)
6. 字据: written proof
7. 签字: to sign
8. 缩: to shrink

hóngzhe liǎn de lángbèi xiàng, chā yìdiǎn xiào chū shēng lái.
红着脸的狼狈相 [1]，差一点笑出声来。

Juéxīn háishi hěn dānxīn tā huì fǎnhuǐ. Juémín kànchūle
觉新还是很担心他会反悔。觉民看出了

Juéxīn de xīnsi, hěn yǒu bǎwò de shuō: "Nǐmen fàng-
觉新的心思，很有把握 [2] 地说："你们放

xīn, zhè yí cì tā yídìng bú huì fǎnhuǐ. Huì biǎojiě zài
心，这一次他一定不会反悔 [3]。蕙表姐在

shí yě méiyǒu dézuìguò tā, tā wèi shénme bù kěn gěi Huì
时也没有得罪过他，他为什么不肯给蕙

biǎojiě xiàzàng ne? Wǒ kàn jiù yīnwèi dà jiù zài gěi tā
表姐下葬呢？我看就因为大舅在给他

chēngyāo. Dà jiù guò yú bājie Zhèng jiā le. Jīntiān ruò
撑腰。大舅过于 [4] 巴结 [5] 郑家了。今天若

shì yīzhe dà jiù de yìsi, yòu huì débudào jiéguǒ."
是依着大舅的意思，又会得不到结果。"

Juémín shuōwán gǎndào yízhèn tòngkuài. Juéxīn tīngjiàn Juémín
觉民说完感到一阵痛快。觉新听见觉民

zhèyàng zhíjié-liǎodàng de tídào dà jiù zhè wèi zhǎngbèi,
这样直截了当 [6] 地提到大舅这位长辈，

hěn pà wàipó shēngqì. Méi xiǎngdào Zhōu lǎotàitai què wán-
很怕外婆生气。没想到周老太太却完

quán zàntóng de huídá dào: "Wǒ yě shì zhèyàng xiǎng. Shén-
全赞同地回答道："我也是这样想。什

me shìqing dōu shì tā nòngzāo de. Tā hàile Huì'ér hái bú
么事情都是他弄糟的。他害了蕙儿还不

suàn, Méi wázi zhè yíbèizi yòu gěi tā duànsòng le.
算，枚娃子这一辈子又给他断送了。

Ài, zhè zhǐ guài wǒ zìjǐ. Wǒ dāngchū rúguǒ míngbai yì-
唉，这只怪我自己。我当初如果明白一

1. 狼狈相: a sorry figure

2. 把握: certainty

3. 反悔: to go back on one's own word

4. 过于: too much

5. 巴结: too curry favour with

6. 直截了当: straight forward

93

diǎn, yòu hézhìyú nòngchū zhèxiē shìqing..."
点，又何至于弄出这些事情……"

Questions

1. 觉新梦见了什么？他为了什么事日夜不安？
2. 周伯涛家娶了儿媳妇以后日子过得怎样？
3. 之前郑国光一直拖着不肯给蕙下葬，可是这次为什么一下子就同意了？

十五、高家的女人们

Juéxīn zhèng kànzhe wángqī Lǐ Ruìjué de xiàngpiàn chū shén.
觉新正看着亡妻李瑞珏的相片出神。

lèishuǐ móhule tā de yǎnjing. Yì gǔ xiāngqì chōng-
泪水模糊了他的眼睛。一股 ¹ 香气冲

jìnle de tā fáng li, Chén yítài jìnlái le. Juéxīn lián-
进了他的房里，陈姨太进来了。觉新连

máng zhàn qǐlái.
忙站起来。

"Dà shàoye, wǒ yǒu diǎn shìqing zhǎo nǐ shāngliang."
"大少爷，我有点事情找你商量。"

Chén yítài mǎnliǎn-duīxiào.
陈姨太满脸堆笑。

"Chén yítài, qǐng zuò, bù xiǎode nǐ yǒu shénme shì-
"陈姨太，请坐，不晓得你有什么事

qing?" Juéxīn yìbiān fūyǎn yìbiān xiǎng: "Tā lái dǎo
情？"觉新一边敷衍 ² 一边想："她来捣

shénme guǐ?" Tā hūrán xiǎngqǐ sān bà Kèmíng nà tiān
什么鬼 ³ ？"他忽然想起三爸克明那天

duì tājiǎng de huà.
对他讲的话。

"Dà shǎoye, wǒ xiǎng zhǎo nǐ shāngliang yí jiàn shìqing,
"大少爷，我想找你商量一件事情，

zhè jiàn shì wǒ yǐjīng gēn sān lǎoye shuōguò le." Chén
这件事我已经跟三老爷说过了。"陈

1. 股：a measure word, whiff
2. 敷衍：to deal with... insincerely
3. 捣鬼：to play tricks

95

yítài guǒrán bǎ yào "bào" sūn'ér de shì tíle chūlái,
姨太果然把要"抱"孙儿的事提了出来，

bìngqiě bǎ sì tàitai, wǔ tàitai dōu zhēngzhe yào bǎ zì-
并且把四太太、五太太都争着要把自

jǐ de liù shàoye, jiǔ shàoye "bào" gěi tā de huà xuàn
己的六少爷、九少爷"抱"给她的话炫

yàole yì fān, yòu shuō zìjǐ bù zhī zěnmebàn cái hǎo,
耀¹了一番²，又说自己不知怎么办才好，

qǐng Juéxīn chū zhǔyi.
请觉新出主意。

　　"Zhè shì nǐ zìjǐ de shì." Juéxīn shēngpà bǎ
　　"这是你自己的事。"觉新生怕³把

zìjǐ lāche jìnqù.
自己拉扯⁴进去。

　　"Nàme wǒ jiù 'bào' liù shàoye hǎo le, liù shào-
　　"那么我就'抱'六少爷好了，六少

ye shēntǐ hǎo de duō, wǔ tàitai yàoshi bù gāoxìng, jiù
爷身体好得多，五太太要是不高兴，就

ràng tā jī-lī-wā-lā." Chén yítài shuōzhe, bǎ báobáo
让她叽哩哇啦⁵。"陈姨太说着，把薄薄

de zuǐchún yì juē, zhè shì tā cóngqián zài Juéxīn zǔfù
的嘴唇⁶一撅⁷，这是她从前在觉新祖父

miànqián sājiāo de dòngzuò, xiànzài wúyìjiān yòu zuò chūlái
面前撒娇的动作，现在无意间又做出来

le. Juéxīn zhēn xīwàng tā mǎshàng zǒukāi. "Dà shào-
了。觉新真希望她马上走开。"大少

ye," Shéi zhī tā de báo zuǐchún yòu zhāngkāi le, "Tīng shuō
爷，"谁知她的薄嘴唇又张开了，"听说

nǐmen shìwùsuǒ lǐtou hái shōu huóqī cúnkuǎn, wǒ yǒu
你们事务所里头还收活期存款❶，我有

1. 炫耀: to show off
2. (一)番: a measure word, time
3. 生怕: to be afraid
4. 拉扯: to drag
5. 叽哩哇啦: to jabber
6. 嘴唇: lips
7. 撅: to pout (one's lips)

wǔbǎi kuài qián,　 yě qǐng nǐ gěi wǒ cún　jìnqù.　　 Wǒ xiǎode
五百块钱，也请你给我存进去。我晓得

sān tàitai,　 sì　 tàitai tāmen dōu yǒu qián cún zài　 nàr."
三太太、四太太她们都有钱存在那儿。"

　　Juéxīn yì kǒu dāying xiàlái.　 Kànzhe Chén yítài　 yì-
觉新一口答应下来。看着陈姨太一

niǔ　 yìniǔ　 de zǒu chūqù,　 juéxīn　 jīnbuzhù　　 chángtànle
扭一扭地走出去，觉新禁不住长叹了

yì　 kǒu qì.
一口气。

　　Tàiyáng jiànjiàn luò xiàqù　 le,　 shùshāo　 shang hái liú-
太阳渐渐落下去了，树梢 [1] 上还留

zhe　 yí piàn jīnhuáng sè.　 Tiānjǐng li　 réng　 shífēn míngliàng,
着一片金黄色。天井里仍十分明亮，

yuèjìhuā　　 hé liùyuèjú　 zhèng shèngkāizhe,　 yí gè huǒ-
月季花 [2] 和六月菊 [3] 正盛开 [4] 着，一个伙

fū　 hēngzhe liúxíng　 xiǎodiào zǒu guòqù.　 Juéxīn kànzhe
夫 [5] 哼着流行 [6] 小调 [7] 走过去。觉新看着

chuāng wài, tā　 xīnli méiyǒu xiānhuā,　 méiyǒu yángguāng,
窗外，他心里没有鲜花，没有阳光，

méiyǒu gēshēng.　 Liǎng gè shǎonǚ tánhuà　 de shēngyīn piāo-
没有歌声。两个少女谈话的声音飘 [8]

jìnle　 tā　 de ěrduo.
进了他的耳朵。

　　"Lǎoshi shuō,　 gōngguǎn lǐtou méiyǒu　 jǐ　 ge rén wǒ
"老实说，公馆里头没有几个人我

kàndeqǐ.　　 Zhēn shì yì tiān bù rú yì tiān."　 Zhè shì sì fáng
看得起。真是一天不如一天。"这是四房

yātou Qiàn'ér　 de shēngyīn.
丫头倩儿 [9] 的声音。

1. 树梢: the top of a tree
2. 月季花: Chinese rose
3. 六月菊: a kind of chrysanthemum
4. 盛开: in full blossom
5. 伙夫: cook
6. 流行: popular
7. 小调: ditty
8. 飘: to drift; to float
9. 倩儿: Qian'er, name

"Nǐ shuōhuà xiǎoxīn diǎn, xìnghǎo dà shàoye hái méi
"你说话小心点，幸好¹大少爷还没

huílái." Sān fáng de yātou Cuìhuán shuō.
回来。"三房的丫头翠环说。

"Bú yàojǐn, dà shàoye wèirén hòudào. Wǒ cóng
"不要紧，大少爷为人厚道²。我从

méi jiàn dà shàoye màguò rén." Qiàn'ér fàngxīn de shuō.
没见大少爷骂过人。"倩儿放心地说。

"Wǒ xiǎode. Gōngguǎn lǐtou zhǐyǒu dà shàoye zuì
"我晓得。公馆里头只有大少爷最

hǎo, yě zuì kǔ." Cuìhuán dī shēng dào.
好，也最苦。"翠环低声道。

"Dà shǎoye mìng bù hǎo, sǐle shàonǎinai bú
"大少爷命不好，死了少奶奶不

suàn, lián liǎng gè xiǎo shàoye yě dōu sǐ le, nánguài tā yì
算，连两个小少爷也都死了，难怪他一

tiān zǒngshì chóuméi-kǔliǎn de." Qiàn'ér tóngqíng de shuō.
天总是愁眉苦脸³的。"倩儿同情地说。

Juéxīn bǐngzhù hūxī qīngtīngzhe. Guòle yí-
觉新屏⁴住呼吸倾听着。过了一

huìr, Cuìhuán de shēngyīn yòu chuánlái le: "Èr xiǎojiě
会儿，翠环的声音又传来了："二小姐

chángcháng shuō, dà shàoye dài shénme rén dōu hǎo, kěshì
常常说，大少爷待⁵什么人都好，可是

gōngguǎn lǐtou yǒu shénme dǎoméi shìqíng dōu luòdào tā de
公馆里头有什么倒霉⁶事情都落到他的

tóu shang. Dà shàoye yìnián-dàotóu bú jiàn xiàoliǎn, nǐ kàn
头上。大少爷一年到头不见笑脸，你看

xiàng sì tàitai, wǔ tàitai, Chén yítài tāmen nǎ yì tiān
像四太太、五太太、陈姨太她们哪一天

1. 幸好: lucky

2. 厚道: honest and kind

3. 愁眉苦脸: to have a worried look

4. 屏: to hold (one's breath)

5. 待: to treat

6. 倒霉: unlucky

98

bú xiào? Wǒ bù míngbai wèi shénme zhèyàng bù gōngpíng."

不笑？我不明白为什么这样不公平。”

Cuìhuán de shēngyīn li yǒu bēifèn, yǒu tóngqíng.

翠环的声音里有悲愤，有同情。

Shuōwán, liǎng gè yātou biàn wǎng huāyuán li qù le.

说完，两个丫头便往花园里去了。

Juéxīn juéde chàngkuài duō le, hǎoxiàng yǒu yì dī lùshuǐ

觉新觉得畅快多了，好像有一滴¹露水²

dījìnle tā gānkū de xīn. Tā xiǎng dào huāyuán li

滴进了他干枯³的心。他想到花园里

qù zǒuzou, gāng yào chūmén, yí gè rényǐng xiān shǎnle jìn-

去走走，刚要出门，一个人影先闪⁴了进

lái. Lái de shì wǔ tàitai Shěnshì. Tā zhīdào huāyuán shì

来。来的是五太太沈氏。他知道花园是

qù bù chéng le.

去不成了。

"Dà shàoye, gāngcái Chén yítài láiguò ba, tā

“大少爷，刚才陈姨太来过吧，她

yídìng zhǎo nǐ shāngliang 'bào' sūn'ér de shì le, shì bu

一定找你商量‘抱’孙儿的事了，是不

shì?" Shěnshì jìnlái jiù bú kèqi de zhuīwèn dào.

是？”沈氏进来就不客气地追问道。

"Wǒ bìng méiyǒu shuō shénme huà." Juéxīn dàndàn de

“我并没有说什么话。”觉新淡淡地

fēnbiàn dào.

分辨道。

"Tā zěnme shuō, shì bu shì 'bào' qī wázi?"

“她怎么说，是不是‘抱’七娃子？”

Shěnshì de xiǎo yǎnjing zhēng de dàdà de.

沈氏的小眼睛睁得大大的。

1. 滴：drop
2. 露水：dew
3. 干枯：withered
4. 闪：to dodge swiftly

"Tā hǎoxiàng shuō yào 'bào' liù dì. Sān bà bùkěn

"她好像说要'抱'六弟。三爸不肯

bǎ qī dì 'bào' chūqù." Juéxīn lǎolǎo-shíshí de

把七弟'抱'出去。"觉新老老实实地

dádào.

答道。

"Bào' liù wázi?" Shěnshì jīng wèn dào, tā mǎ-

"'抱'六娃子?"沈氏惊问道,她马

shàng biànle liǎn.

上 变了脸。

Yuánlái, shìqing shì zhèyàng de: Chén yítài xiǎng

原来,事情是这样的：陈姨太想

bào sān fáng de qī wázi zuò sūnzi. Sì tàitai Wángshì

抱三房的七娃子做孙子。四太太王氏[1]

tīngshuō yǐhòu, jiù gàosu Shěnshì shuō, shì tāmen de sān

听说以后,就告诉沈氏说,是她们的三

gē xiǎng tūn Chén yítài de cáichǎn, bī Chén yítài bào qī

哥想吞[2]陈姨太的财产,逼陈姨太抱七

wázi. Tā quàn Shěnshì hé Chén yítài gēn sān lǎoye kè-

娃子。她劝沈氏和陈姨太跟三老爷克

míng shuō, yīnggāi bào wǔ fáng de jiǔ wázi. Xiànzài sān fáng

明说,应该抱五房的九娃子。现在三房

bùkěn bǎ qī wázi bào chūqù, kěshì Chén yítài què bào

不肯把七娃子抱出去,可是陈姨太却抱

le sì fáng de liù wázi. Shěnshì juéde shàngle sì tài-

了四房的六娃子。沈氏觉得上了四太

tai Wángshì hé Chén yítài de dàng. Tā qì de yǎnquàn dōu

太王氏和陈姨太的当[3]。她气得眼圈[4]都

hóng le, wūyè de shuō: "Tāmen dōu qīwǔ wǒ, zài zhè-

红了,呜咽地说:"他们都欺侮我,在这

1. 王氏: Mrs Wang, name

2. 吞: to swallow up

3. 上(⋯⋯)当: to be taken in ...

4. 眼圈: eye socket

100

ge gōngguǎn lǐtou méiyǒu yí gè rén bù qīwǔ wǒ.
个公馆里头没有一个人不欺侮我。"

Juéxīn tóngqíng de wàngzhe Shěnshì, tā céngjīng gěi-
觉新同情地望着沈氏，她曾经给

le tā nàme duō shānghài, nàme duō tòngkǔ, tā zǒng-
了他那么多伤害¹，那么多痛苦，她总

shì háo wú yuányīn de gēn tā zuòduì. Tā yànwù tā. Kě-
是毫无原因地跟他作对。他厌恶她。可

shì shìshí zhèngmíng tā yě búguò shì yí ge shòu rén lì-
是事实证明²她也不过是一个受人利

yòng de chǔn fùrén. Tā chéngkěn de ānwèi tā shuō:
用³的蠢⁴妇人。他诚恳地安慰她说：

"Wǔ shěn, zhè yěxǔ shì wùhuì. Nǐ búyào nánguò."
"五婶，这也许是误会。你不要难过。"

"Bú shì de, sì sǎo shì ge yīnxiǎn de rén. Shì tā
"不是的，四嫂是个阴险的人。是她

jiàosuō wǒ gēn nǐmen zhè yì fáng zuòduì. Dōu shì tā de yì-
教唆⁵我跟你们这一房作对。都是她的意

si! Wǒ shàngguò tā hǎo duō cì dàng!" Shěnshì hóngzhe
思！我上过她好多次当！"沈氏红着

liǎn shuō.
脸说。

Juéxīn tòngkǔ de kànzhe tā: Tā dàodǐ shuōle zhēn-
觉新痛苦地看着她：她到底说了真

huà. Kěshì zhè yòu yǒu shénme yòng ne? Zhège jiātíng jué
话。可是这又有什么用呢？这个家庭决

bú huì yīnwèi tā shuōle zhēnhuà jiù bú zài chūxiàn zhēngduó
不会因为她说了真话就不再出现争夺

hé xiànhài.
和陷害。

1. 伤害：to hurt
2. 证明：to prove
3. 利用：to make use of
4. 蠢：silly
5. 教唆：to instigate

"Wǒ yào bàochóu, yídìng yào bàochóu!" Shěnshì hèn-
"我要报仇，一定要报仇[1]！"沈氏恨

hèn de shuō. Qíshí tā bìng méiyǒu zhǎo Wángshì bàochóu,
恨地说。其实她并没有找王氏报仇，

tā gēnběn bú shì Wángshì de duìshǒu. Tā zhǐ zài dāngtiān
她根本不是王氏的对手。她只在当天

wǎnshang, ná zìjǐ de nǚ'ér hěnhěn de chūle yí tòng qì.
晚上，拿自己的女儿狠狠地出了一通[2]气。

1. **报仇**：to revenge
2. （一）**通**：a verbal measure word

Tip

❶ 活期存款：Current deposit.

Questions

1. 丫头倩儿和翠环是怎么谈论觉新的？
2. 克定的妻子沈氏为什么要说王氏是一个阴险的人？

十六、冲 突

"Zhēn shì ge yāoguài, wǒ bù xiǎode wǔ shěn jiūjìng
"真是个妖怪[1]，我不晓得五婶究竟

yǒu méi yǒu xīngān! Sì mèi zǎowǎn yào sǐ zài tā shǒu
有没有心肝[2]！四妹早晚要死在她手

li." Shūhuá wèi Shūzhēn zuówǎn yòu shòule wěiqu, xiàng
里。"淑华为淑贞昨晚又受了委屈，向

Juéxīn bàoyuàn shuō.
觉新抱怨说。

"Wǒ yǒu shénme bànfǎ, wǔ shěn shòule sì shěn de
"我有什么办法，五婶受了四婶的

qì." Juéxīn tànxī dào.
气。"觉新叹息道。

"Tā shòu tā de qì, gēn sì mèi yòu yǒu shénme
"她受她的气，跟四妹又有什么

xiānggān?" Shūhuá fánzào de zébèi dào, "Nǐ zǒngshì méi
相干？"淑华烦躁地责备道，"你总是没

yǒu bànfǎ, shénme shìqing dōu méiyǒu bànfǎ! Nǐ cónglái
有办法，什么事情都没有办法！你从来

bù xiǎng ge bànfǎ!"
不想个办法！"

Wèile gěi Shūzhēn kuānkuan xīn, Shūhuá zhǎo Shūzhēn
为了给淑贞宽宽心，淑华找淑贞

yìqǐ láidào huāyuán li.
一起来到花园里。

1. 妖怪: demon
2. 心肝: conscience, heart

103

Yuánzi li shì lìng yí ge shìjiè. Kōngqì qīngliáng,
园子里是另一个世界。空气清凉 [1]，

huā'ér shèngkāi, niǎor'ér zài zhītóu gēchàng, qīngyán
花儿盛开，鸟儿 [2] 在枝头 [3] 歌唱，蜻蜓 [4]

zài cǎopíng shang fēilái-fēiqù. Tāmen zài cǎodì shang zuò
在草坪 [5] 上飞来飞去。她们在草地上坐

xiàlái, Shūzhēn niēzhe zìjǐ de xiǎojiǎo, qīngqīng de shū
下来，淑贞捏着自己的小脚，轻轻地舒 [6]

le yìkǒuqì. Tā hǎoxiàng jìnrùle yí gè zìyóu-zìzài
了一口气。她好像进入了一个自由自在

de shìjiè.
的世界。

"Wǒ zhēn xiǎng yí gè rén zhěngtiān dāi zài huāyuán
"我真想一个人整天待在花园

lǐtou," Shūzhēn shuō, jiēzhe yòu shīwàng de yáoyao tóu
里头，"淑贞说，接着又失望地摇摇头，

"Kěxī bù nénggòu. Mā bù kěn fàngsōng wǒ, wǒ yí gè
"可惜 [7] 不能够。妈不肯放松我，我一个

rén yě hàipà. Wǒ pà wǒ huó bú xiàqù, wǒ yídìng
人也害怕。我怕我活不下去，我一定

huì sǐ."
会死。"

"Hàipà shénme? Nǐ chīkuī jiù chī zài hàipà
"害怕什么？你吃亏 [8] 就吃在害怕

shàngtou," Shūhuá jīdòng de shuō, "Nǐ yīnggāi xuéxue wǒ
上头，"淑华激动地说，"你应该学学我

zhège màoshiguǐ: Wǒ shénme dōu bú pà! Nǐ zhīdào,
这个冒失鬼 [9]：我什么都不怕！你知道，

nǐ yuèshì hàipà, rénjia yuèshì qīwǔ nǐ...
你越是害怕，人家越是欺侮你……"

1. 清凉: cool
2. 鸟儿: bird
3. 枝头: twig
4. 蜻蜓: dragonfly
5. 草坪: lawn
6. 舒: to breathe a sign of relief
7. 可惜: pity
8. 吃亏: to come to grief
9. 冒失鬼: rash fellow

104

秋
Autumn

Wángshì hé Chén yítài cóng jiǎshān nà biān zǒu guò-
王氏和陈姨太从假山那边走过

lái. Chén yítài lǐngzhe xīn "bào" de sūnzi Juéshì[1]. Tā-
来。陈姨太领着新"抱"的孙子觉世[1]。她

men xiǎnchū hěn qīnmì, hěn déyì de yàngzi.
们显出很亲密、很得意的样子。

Shūzhēn zhàn qǐlái tóng tāmen dǎle zhāohu, Shūhuá
淑贞站起来同她们打了招呼,淑华

què réngrán zuò zài cǎodì shang. Liǎng wèi zhǎngbèi kàn Shūhuá
却仍然坐在草地上。两位长辈看淑华

zuòzhe bú dòng, biàn yíchàng-yíhè[2] de shùluò[3] qǐ Shūhuá
坐着不动,便一唱一和[2]地数落[3]起淑华

lái. Shénme "méiyǒu guīju", "mùzhōng-wúrén[4]",
来。什么"没有规矩"、"目中无人[4]"、

"bù dǒng lǐjié"... Shūhuá nǎlǐ kěn yī? Tā cóng cǎo-
"不懂礼节"……淑华哪里肯依?她从草

dì shang zhàn qǐlái, bǎnqǐ liǎn zhìwèn Wángshì: "Yéye
地上站起来,板起脸质问王氏:"爷爷

sāngfú méi mǎn, sì shū jiù bǎ xiǎodàn qǐng dào jiā li lái chī-
丧服没满,四叔就把小旦请到家里来吃

jiǔ shì bu shì lǐjié?" Zhìwèn Chén yítài jièkǒu "xuè
酒是不是礼节?"质问陈姨太借口"血

guāng zhī zāi", "Bǎ sǎosao gǎndào pò miào li qù shēng-
光之灾","把嫂嫂赶到破庙里去生

chǎn, huóhuó hàisǐ sǎosao shì bu shì yě shì lǐjié?" Jǐn-
产,活活害死嫂嫂是不是也是礼节?"尽

guǎn Shūzhēn hé tóng lái de yātou Qǐxiá zài yìpáng kǔkǔ
管淑贞和同来的丫头绮霞在一旁苦苦

xiāng quàn, Shūhuá háishi bǎ xīntóu yūjī[5] yǐ jiǔ de bù
相劝,淑华还是把心头淤积[5]已久的不

1. 觉世: Jueshi, name

2. 一唱一和: to echo each other

3. 数落: to scold

4. 目中无人: to consider everyone beneath one's notice

5. 淤积: to accumulate

píng shì yì zhuāngzhuāng, yí jiànjiàn de kòngsùle chū-
平事一桩桩、一件件地控诉 [1] 了出

lái. Shūhuá jiāo'ào de zhànzhe, gāo'ángzhe tóu, bó de
来。淑华骄傲 [2] 地站着,高昂 [3] 着头,驳 [4] 得

liǎng wèi zhǎngbèi mùdèng-kǒudāi. Jiù zài zhège shíhou,
两位长辈目瞪口呆 [5]。就在这个时候,

Juémín zǒule guòlái. Tā qīngmiè de sǎole Wángshì hé
觉民走了过来。他轻蔑地扫了王氏和

Chén yítài yì yǎn, nà yǎnguāng hǎoxiàng zài shuō: "Nǐmen
陈姨太一眼,那眼光好像在说:"你们

yě pèi jiǎng lǐjié! Yě pèi jiǎng guījǔ!" Biàn wǎnzhe Shū-
也配 [6] 讲礼节!也配讲规矩!"便挽着淑

huá de bǎngzi màikāi dà bù zǒu le Shūzhēn hé Qǐxiá
华的膀子 [7] 迈开 [8] 大步走了。淑贞和绮霞

huāngmáng jǐngēnle shàngqù.
慌忙紧跟了上去。

Sùlái chèngwáng-chèngbà de Wángshì hé Chén yítài
素来称王称霸 [9] 的王氏和陈姨太

shòudào xiǎobèi de rúcǐ wǔrǔ, nǎlǐ kěn bàxiū? Tā-
受到小辈的如此侮辱,哪里肯罢休?她

men dàizhe yì liǎn nù róng hé yí zhèn xiāng fēng qìchōngchōng
们带着一脸怒容和一阵香风气冲冲

de zǒujìnle dà tàitài Zhōushì de fángjiān. Zhōushì zhèng-
地走进了大太太周氏的房间。周氏正

zài gēn juéxīnmen de gūmǔ Zhāng tàitai zuòzhe shuōhuà,
在跟觉新们的姑母张太太坐着说话,

Qín yě zài pángbiān péizhe. Wángshì hé Chén yítài yí kàn
琴也在旁边陪着。王氏和陈姨太一看

yǒu kèrén, bù hǎo fā zuò. Yíhuìr wǔ tàitai Shěn-
有客人,不好发作 [10]。一会儿五太太沈

1. 控诉: to accuse
2. 骄傲: proud
3. 高昂: to raise highly
4. 驳: to refute
5. 目瞪口呆: dumb-founded
6. 配: to deserve
7. 膀子: shoulder
8. 迈开: to take (a stride)
9. 称王称霸: to act like an overlord
10. 发作: to flame up

shì, sān tàitai Zhāngshì dàizhe Cuìhuán xiān hòu zǒule jìnlái.
氏、三太太张氏带着翠环先后走了进来。

Wángshì hěn pà Chén yítài wàngle gāngcái de chǐ-
王氏很怕陈姨太忘了刚才的耻

rǔ, biàn gāo shēng de xiàng Zhōushì fā huà dào: "Dà sǎo,
辱，便高声地向周氏发话[1]道："大嫂，

gāngcái zài huāyuán li sān gūniang bǎ wǒ tóng Chén yítài
刚才在花园里三姑娘把我同陈姨太

dōu màguò le, hòulái lǎo èr yě pǎo guòlái bāngmáng,
都骂过了，后来老二也跑过来帮忙，

xiànzài chèn dà gūtàitai yě zài zhèr, kàn zhè jiàn
现在趁大姑太太也在这儿，看这件

shìqing gāi zěnme bàn?"
事情该怎么办？"

"Shì a! Sān gūniang jīntiān màle wǒ, lián lǎotài-
"是啊！三姑娘今天骂了我，连老太

yé zài shí, yě méi rén màguò wǒ." Chén yítài yíxiàzi
爷在时，也没人骂过我。"陈姨太一下子

qīngxǐng guòlái, "Dà tàitai yào gěi wǒ chū qì, sān gū-
清醒[2]过来，"大太太要给我出气，三姑

niang shì xiǎobèi, gǎn qīwǔ wǒ, jīntiān zhè kǒu qì bù chū,
娘是小辈，敢欺侮我，今天这口气不出，

wǒ jiù búyào huó le!" Shuōzhe, jiù mōchū shǒupà kāi qǐ
我就不要活了！"说着，就摸出手帕揩起

yǎnlèi lái.
眼泪来。

Tāmen liǎng rén de huà shǐ zàizuò de rén dōu chīle
她们两人的话使在座[3]的人都吃了

yì jīng.
一惊。

1. 发话: to give words to
2. 清醒: to come to
3. 在座: present

Questions

1. 谈谈淑华和四婶王氏、陈姨太发生冲突的经过。
2. 淑华是怎样一个人？她受到了谁的劝阻？又得到了谁的支持？

十七、说　理

Juémín xiōngmèi bèi huàn jìnlái le.　　Tāliǎ shǒuxiān
觉民兄妹被唤进来了。他俩首先

xiàng gūmā xíngle lǐ.　　Zhōushì yīnwèi shì jìmǔ,　bú biàn
向姑妈行了礼。周氏因为是继母，不便

duōshuō,　tā qǐng Zhāng tàitai zuòzhǔ.
多说，她请张太太做主。

"Lǎo èr,"　Zhōushì dì-yī ge fāyán,　tā zhèngsè [1]
"老二，"周氏第一个发言，她正色

shuō,　"Sì shěn tóng Chén yítài shuō nǐ gēn sān nǚ　gāngcái
说，"四婶同陈姨太说你跟三女刚才

màguò tāmen.　Zhè jiūjìng shì zěnme yì huí shì?"
骂过她们。这究竟是怎么一回事？"

"Mā, wǒ bìng méiyǒu mà, wǒ búguò bǎ sān mèi lā-
"妈，我并没有骂，我不过把三妹拉

zǒu le."　Juémín bùhuāng-bùmáng de shuō.
走了。"觉民不慌不忙地说。

"Nàme sān gūniang màguò le?"　Zhāng tàitai chén-
"那么三姑娘骂过了？"张太太沉

xià liǎn wèndào.
下脸❶问道。

"Sān mèi yě bìng méiyǒu mà shénme,　búguò shuōle jǐ
"三妹也并没有骂什么，不过说了几

jù qì huà."　Juémín réngrán ānjìng de huídá dào
句气话。"觉民仍然安静地回答道。

1. 正色：sternly

111

"Méiyǒu mà? Nándào sān gūniang méiyǒu mà wǒ hài-
"没有骂？难道三姑娘没有骂我害

sǐ shàonǎinai ma? Shéi shuōhuǎng shéi bù dé hǎo sǐ!"
死¹少奶奶吗？谁说谎²谁不得好死！"

Chén yítài mà qǐlái.
陈姨太骂起来。

"Shì wǒ màguò de, wǒ màle yòu zěnyàng?" Shū-
"是我骂过的，我骂了又怎样？"淑

huá qìfèn de rǎngdào.
华气愤地嚷道。

"Sān nǚ!" Zhōushì zháojí de gānshè dào.
"三女！"周氏着急地干涉道。

"Sān gūniang, nǐ zhège yàngzi tài bú duì le. Nǐ
"三姑娘，你这个样子太不对了。你

píng shénme gēn nǐ sì shěn chǎojià? Zuò zhínǚ de yào yǒu
凭什么跟你四婶吵架？做侄女的要有

zuò zhínǚ de guīju!..." Zhāng tàitai yánlì de zé-
做侄女的规矩！……"张太太严厉地责

bèi dào.
备道。

"Nàme zuò zhǎngbèi de yě gāi yǒu zuò zhǎngbèi de
"那么做长辈的也该有做长辈的

guīju!" Juémín lěnglěng de chāle yí jù. Zuò zài Zhāng
规矩！"觉民冷冷地插了一句。坐在张

tàitai shēnbiān de Qín xīnli jǐnzhāng qǐlái. Tā kànkan
太太身边的琴心里紧张起来。她看看

Juémín yòu kànkan zìjǐ de mǔqin. Zhāng tàitai bìng bù
觉民又看看自己的母亲。张太太并不

lǐcǎi Juémín réngjiù duì Shūhuá shuō:
理睬³觉民，仍旧对淑华说：

1. 害死: to murder
2. 说谎: to tell a lie
3. 理睬: to take notice of ...

"Kàn zài nǐ guòshì de diē de fèn shang, nǐ hǎohāo
"看在你过世[1]的爹的份上，你好好

tīng wǒ de huà, xiàng nǐ sì shěn hé Chén yítài péi ge bú-
听我的话，向你四婶和陈姨太赔个不

shì. Bùrán—" Shuōdào zhèli, kǒuqì yòu yánlì qǐ-
是❷。不然——"说到这里，口气又严厉起

lái, "Sān gūniang, nǐ mā gāngcái shuōguò yào wǒ lái zé-
来，"三姑娘，你妈刚才说过要我来责

fá nǐ."
罚[2]你。"

"Nàme qǐng gūmā zéfá hǎo le." Shūhuá háobù-
"那么请姑妈责罚好了。"淑华毫不

qūfú.
屈服。

Zhāng tàitai chénxiàle liǎn, Zhāngshì liánlián yáotóu,
张太太沉下了脸，张氏连连摇头，

Zhōushì liǎn dōu jí hóng le, Qín de xīn pēngpēng de tiào qǐ-
周氏脸都急红了，琴的心怦怦地跳起

lái. Zhǐyǒu Shěnshì xīnli gǎndào tòngkuài, tā juéde Shū-
来。只有沈氏心里感到痛快，她觉得淑

huá tì tā bàole chóu. Juémín pà Shūhuá chīkuī, mǎshàng
华替她报了仇。觉民怕淑华吃亏，马上

zhuāngzhòng ér píngjìng de shuō: "Gūmā yào zéfá sān
庄重[3]而平静地说："姑妈要责罚三

mèi, yě yīngdāng xiān bǎ shìqing nòng ge míngbai gūmā xiǎng
妹，也应当先把事情弄个明白，姑妈想

xiǎng kàn, sān mèi zěnme huì wúyuán-wúgù de tóng sì shěn
想看，三妹怎么会无缘无故地同四婶

hé Chén yítài chǎo qǐlái?..."
和陈姨太吵起来？……"

1. 过世: to pass away
2. 责罚: to punish
3. 庄重: serious

Wángshì bù néng rěnnài de gānshè dào: "Gūtàitai
王氏不能忍耐地干涉道："姑太太，

wǒmen búyào tīng zhè zhǒng fèihuà, rúguǒ zài ràng dà sǎo
我们不要听这种废话[1]，如果再让大嫂

bǎ tāmen zòngróng xiàqù, wǒmen de jiāfēng jiù huì bàìhuài
把他们纵容下去，我们的家风就会败坏

zài tāmen shǒu lǐtou. Gūtàitai rúguǒ bàn bu liǎo, zuò
在他们手里头。姑太太如果办不了，做

bu liǎo zhǔ, wǒ jiù qù qǐng sān gē lái bàn."
不了主，我就去请三哥来办。"

Zhōushì liǎn dōu qì bái le, shuō bùchū yí jù huà
周氏脸都气白了，说不出一句话。

"Sì dìmèi, nǐ búyào xìngjí..." Zhāng tài-
"四弟妹，你不要性急[2]……"张太

tai fūyǎnzhe Wángshì, zhèngzài wéinán zhī jì, tā hū-
太敷衍着王氏，正在为难之际[3]，她忽

rán kànjiàn Juéxīn zhàn zài ménkǒu de sān gè nǚ yòngren zhōng-
然看见觉新站在门口的三个女用人中

jiān, biàn gāo shēng hǎndào: "Juéxīn, nǐ lái de zhènghǎo,
间，便高声喊道："觉新，你来得正好，

nǐ shuō yīng bu yīnggāi zéfá tāmen?"
你说应不应该责罚他们？"

Juéxīn gāng cóng shìwùsuǒ huílái, tīngshuō gūmā lái
觉新刚从事务所回来，听说姑妈来

le, zhèng lái shàngfáng jiàn gūmā. Juémín kànjiàn Juéxīn
了，正来上房见姑妈。觉民看见觉新

jìnlái, bú ràng tā yǒu jīhuì kāikǒu, biàn qiǎngzhe shuō xià-
进来，不让他有机会开口，便抢着说下

qù: "Gūmā, nǐ shì ge míngbai rén. Shuōdào jiāfēng,
去："姑妈，你是个明白人。说到家风，

1. 废话: nonsense
2. 性急: anxious
3. ……之际: on the occasion of ...

114

<ruby>到<rt>dàodǐ</rt></ruby>底是哪些人败坏了家风？没有'满服❸'

就讨姨太太、生儿子，就把唱小旦的

请到家里来吃酒作乐¹，这是什么家风？

三妹是提到陈姨太害死嫂嫂，她讲的并

不错。好好的一个嫂嫂就死在这样人的

手里头。姑妈，你该记得是哪个人提出

'血光之灾'的鬼话，是哪些人逼着嫂嫂

搬到城外去，还说什么'出城'，什么

'过桥'，临死²都不让大哥看她一眼！这

是什么把戏³？什么家风？什么礼教？爷

爷屋里头现在还有好多古书，三爸屋里

也有，翻开看看，什么地方说到'血光

之灾'？什么地方说过应该要这些把

戏？姑妈，书上要有，我们甘愿

受罚！"

1. 作乐: to make merry
2. 临死: on one's death-bed
3. 把戏: trick

115

觉民的话征服 [1] 了在场的人。他骄

傲地站在屋子中间。他的脸在发烧 [2],

眼睛里在喷火。周氏低着头,觉新一只

手捂着心口,琴和淑华都哭了。张太太

虽不完全同意觉民的话,但她无法否认 [3]

他说的都是事实。她的心也软了。

"你乱说!你诬赖 [4]!少奶奶死是她

自己命不好,跟我有什么相干?我问

你:老太爷要紧,还是少奶奶要紧?"陈

姨太站起来指着觉民的鼻子问。

"当然是老太爷要紧,我们高家还

没有出过不孝的子孙。"王氏连忙附

和 [5] 道。

"我没有跟你说话!"觉民厉声说。

他回敬完王氏,又接着陈姨太的话说

1. **征服**:to conquer
2. **发烧**:to burn
3. **否认**:to deny
4. **诬赖**:to incriminate
5. **附和**:to echo

xiàqù, "Sǎosao shēngchǎn gēn yéye yǒu shénme guānxi?
下去，"嫂嫂生产跟爷爷有什么关系？

Zhǐyǒu fēngzi cái xiāngxìn chǎnfù zài jiā shēngchǎn huì jiào
只有疯子才相信产妇在家生产会叫

sǐrén shēnshang chū xiě de guǐ huà! Nǐmen jiǎng lǐjiào, bǎ
死人身上出血的鬼话！你们讲礼教，把

nǐmen de shū fān gěi wǒ kànkan." Tā yòu jīlì nàge
你们的书翻给我看看。"他又激励¹那个

shǐzhōng chuízhe tóu de Juéxīn shuō: "Dà gē, nǐ wèi shén-
始终垂着头的觉新说："大哥，你为什

me hái bú zuò shēng? Dà sǎo shì nǐ de qīzi, tā sǐ de
么还不作声？大嫂是你的妻子，她死得

nàyàng kělián, tāmen hái mà tā gāi sǐ! Nǐ jiù bù chū-
那样可怜，她们还骂她该死！你就不出

lái tì tā shuō yí jù huà?"
来替她说一句话？"

Juéxīn tūrán pūdǎo zà gūmā gēnqián, kūzhe kěn
觉新突然扑倒在姑妈跟前，哭着恳

qiú dào: "Gūmā, qǐng nǐ zéfá wǒ. Ér dì tāmen méi-
求道："姑妈，请你责罚我。二弟他们没

yǒu cuò, dōu shì wǒ de cuò. Wǒ gāisǐ! Wǒ gāisǐ! Nǐ-
有错，都是我的错。我该死²！我该死！你

men dōu lái shāsǐ wǒ ba!"
们都来杀死我吧！"

"Juéxīn! Juéxīn!" Zhāng tàitai yímiàn lā Juéxīn
"觉新！觉新！"张太太一面拉觉新

yímiàn jīnghuāng de hǎn, "Nǐmen kuài lái fú yì fú dà
一面惊慌地喊，"你们快来扶一扶大

shàoye!"
少爷！"

1. **激励**: to encourage
2. **该死**: damned

117

Juémín,　Shūhuá,　Cuìhuán pǎo shànglái bǎ　Juéxīn　fú
觉 民 、淑 华 、翠 环 跑 上 来 把 觉 新 扶

huí wū qù　le.　Qín yě　gēnle　chūqù.
回 屋 去 了 。琴 也 跟 了 出 去 。

Tips

❶ 沉下脸：Pull a long face because of anger.

❷ 赔个不是：To apologize.

❸ 满服：(See Tip 2, Chapter 2.)

Questions

1. 觉民是怎样驳斥四婶王氏和陈姨太的鬼话的？
2. 觉新在不可调和的冲突面前是怎样做的？他为什么这么做？

十八、最幸福的人

Cuìhuán dǎ xǐ liǎn shuǐ qù le, Juéxīn kào zài huódòng
翠环打洗脸水去了，觉新靠在活动
yǐ shang.
椅上。

"Dà biǎogē, nǐ wèi shénme yídìng yào zhémó zì-
"大表哥，你为什么一定要折磨自
jǐ? Nǐ yě gāi àixī shēntǐ." Qín wēnróu de quàndào.
己？你也该爱惜身体。"琴温柔地劝道。

"Nǐmen dōu kànjiàn de, xiàng wǒ zhèyàng huó xiàqù
"你们都看见的，像我这样活下去
yǒu shénme yìsi? Wǒ sǐ le, tāmen jiù ānxīn le."
有什么意思？我死了，他们就安心了。"
Juéxīn nánnán de shuō.
觉新喃喃地说。

"Shòule qì jiù yào chūqì, wèi shénme yào sǐ?"
"受了气就要出气，为什么要死？"
Shūhuá bù píng de shuō.
淑华不平¹地说。

"Nǐmen dézuì tāmen, tāmen huì zài wǒ shēnshang
"你们得罪她们，她们会在我身上
bàochóu. Tāmen..."
报仇。她们……"

"Dà gē, nǐ wèi shénme zǒngshì zhèyàng ruǎnruò?"
"大哥，你为什么总是这样软弱？"

1. 不平：indignant

119

Juémín dǎduàn Juéxīn, chéngkěn de quàndào: "Nǐ yīnggāi
觉民打断觉新，诚恳地劝道："你应该

kàn de chūlái: Wǒmen jiā lǐtou, shénme dōu wán le. Nà-
看得出来：我们家里头，什么都完了。那

xiē zhǎngbèi, dōu shì xiē zhǐ dēnglong, yì chuō jiù pò❶
些长辈，都是些纸灯笼，一戳就破❶。

Tāmen zìjǐ zhuān zuò huàishì, méi ge bǎngyàng, nǎr
他们自己专做坏事，没个榜样¹，哪儿

hái pèi guǎn rén? Nǐ qiángyìng yìdiǎn, tāmen jiù méiyǒu
还配管人？你强硬²一点，他们就没有

bànfǎ; nǐ fúcóng, tāmen jiù zuòwēi-zuòfú..."
办法；你服从，他们就作威作福³……"

"Èr dì, nǐ xiǎo shēng diǎn!" Juéxīn kěnqiú dào,
"二弟，你小声点！"觉新恳求道，

jiēzhe yòu gùzhi de shuō: "Nǐ bù liǎojiě wǒmen jiā de
接着又固执地说："你不了解我们家的

qíngxing, nǐ xiǎng de tài jiǎndān le."
情形，你想得太简单了。"

Cuìhuán dǎlái shuǐ, liǎng cì bǎ nǐnghǎo de máojīn
翠环打来水，两次把拧⁴好的毛巾

sòngdào Juéxīn shǒu li, Juéxīn liǎng cì dōu kèqi de shuō:
送到觉新手里，觉新两次都客气地说：

"Cuìhuán, nánwei nǐ le.". Cuìhuán wàngzhe Qín, dài xiào
"翠环，难为你了。"翠环望着琴，带笑

de shuō: "Qín xiǎojiě, nǐ kàn dà shàoye zǒng zhème kè-
地说："琴小姐，你看大少爷总这么客

qi, zhè yìdiǎn xiǎo shì, tā yě yào..."
气，这一点小事，他也要……"

Qǐxiá zài fáng li chūxiàn le, tā dǎduànle Cuìhuán
绮霞在房里出现了，她打断了翠环

1. **榜样**: example
2. **强硬**: strong (attitude)
3. **作威作福**: to lord it over
4. **拧**: to twist

120

de huà, duì Juéxīn shuō: "Dà shàoye, tàitai, gūtài-
的话，对觉新说：“大少爷，太太、姑太

tai hǎn wǒ lái wèn nǐ xiànzài hǎo xiē méiyǒu..."
太喊我来问你现在好些没有……”

"Wǒ xiànzài hǎo le, nǐ huíqù duì tàitai, gūtài-
“我现在好了，你回去对太太、姑太

tai shuō, duōxiè tāmen." Tíngle yí xià, Juéxīn yòu dān-
太说，多谢她们。”停了一下，觉新又担

xīn de wèndào, "Qǐxiá, nǐ tīngjiàn tàitai, gūtàitai
心地问道，“绮霞，你听见太太、姑太太

tāmen shuō shénme méiyǒu?"
她们说什么没有？”

"Tāmen shuō sì tàitai, Chén yítài bú duì, gùyì
“她们说四太太、陈姨太不对，故意

zhǎo shìqing lái nào." Tā wàngzhe Shūhuá wēiwēi yí xiào,
找事情来闹。”她望着淑华微微一笑，

yòu shuō, "Búguò gūtàitai, sān tàitai dōu shuō sān xiǎo-
又说，“不过姑太太、三太太都说三小

jiě, èr shàoye de píqi yě tài dà le yìdiǎn..." Tīng
姐、二少爷的脾气也太大了一点……”听

dào zhèr Qín mǎshàng kànle Juémín yì yǎn, Juémín hé Shū-
到这儿琴马上看了觉民一眼，觉民和淑

huá hùxiāng dìle ge yǎnsè, huìxīn de xiào le.
华互相递¹了个眼色，会心²地笑了。

Wǔfàn hòu, Zhāng tàitai hé Zhōushì, Zhāngshì, Shěn-
午饭后，张太太和周氏、张氏、沈

shì jìxù dǎpái, Juéxīn zài pángbiān kànle yíhuìr,
氏继续打牌，觉新在旁边看了一会儿，

jiù huí zìjǐ wū li xiūxi qù le. Juémín cóng Shūhuá de
就回自己屋里休息去了。觉民从淑华的

1. 递(眼色): to wind at sb.
2. 会心: understanding-ly

121

wū li bǎ Qín jiàole chūlái. "Wǒmen qù zǒuzou hǎo
屋里把琴叫了出来。"我们去走走好

ma?" Juémín qīng shēng duì Qín shuō. Qín diǎndiǎn tóu. Tāmen-
吗?"觉民轻声对琴说。琴点点头。他们

liǎ yánzhe shíjiē zǒurù guòdào, jìnle huāyuán de mén.
俩沿着石阶走入过道,进了花园的门。

"Wǒ jīntiān zhēn dānxīn nǐ shòu wěiqu, xiǎng bu dào
"我今天真担心你受委屈,想不到

nǐ nàyàng zhènjìng, nǐ shuō de zhēn hǎo, nǐ bù zhīdào
你那样镇静 ¹,你说得真好,你不知道

dāngshí wǒ de xīn tiào de duō lìhai! " Qín wēizhe Jué-
当时我的心跳得多厉害!"琴偎 ² 着觉

mín, dī shēng shuō.
民,低声说。

"Xìngkuī hòulái gūmā méigěi tāmen bāngmáng, yào-
"幸亏后来姑妈没给他们帮忙,要

bù jiù máfan le," Juémín tíngle yí xià, jiē xiàqù
不就麻烦 ³ 了,"觉民停了一下,接下去

shuō, "Wǒ búyuàn ràng nǐ nánguò."
说,"我不愿让你难过。"

"Qíshí, bùguǎn mā duì nǐ zěnyàng, wǒ de xīnli
"其实,不管妈对你怎样,我的心里

jiù zhǐyǒu nǐ." Qín qiāo shēng shuō.
就只有你。"琴悄声 ⁴ 说。

Tāmen liǎng rén zhè shí yǐjīng guòle yuèdòngmén, jìn-
他们两人这时已经过了月洞门,进

le shāndòng. Tāmen de shēnzi kào de gèng jìn le. Juémín
了山洞。他们的身子靠得更近了。觉民

xīngfèn de shuō: "Rúguǒ méiyǒu nǐ, wǒ zài zhège gōng-
兴奋地说:"如果没有你,我在这个公

1. **镇静**: calm

2. **偎**: to lean close to

3. **麻烦**: to trouble; to bother

4. **悄声**: quietly

122

guǎn li zěnme zhù de xiàqù? Wǒ xiǎode yǒu hǎo duō rén dōu
馆里怎么住得下去？我晓得有好多人都

tǎoyàn wǒ, hèn wǒ, wǒ yě hèn tāmen! ..." Tā de
讨厌我，恨我，我也恨他们！……"他的

shēngyīn jiànjiàn gāo qǐlái.
声音渐渐高起来。

"Èr biǎogē," Qín dǎduàn tā, kěnqiú shuō, "Wǒ-
"二表哥，"琴打断他，恳求说，"我

men jīntiān búyào tíqǐ 'hèn' zì, yīnwèi ài bǐ hèn gèng
们今天不要提起'恨'字，因为爱比恨更

yǒu lìliàng. Jīntiān de wǒ, shì nǐ sùzào de. Méiyǒu
有力量。今天的我，是你塑造的。没有

nǐ, wǒ yěxǔ huì xiàng sì biǎomèi nàyàng, xiàng bié de jiě-
你，我也许会像四表妹那样，像别的姐

mèi nàyàng kělián. Méiyǒu nǐ, wǒ yě bú huì cānjiā wǒ-
妹那样可怜。没有你，我也不会参加我

men xiànzài de gōngzuò. Èr biǎogē, wǒmen zǎo diǎn..."
们现在的工作。二表哥，我们早点……"

Qín dùnzhù le, tíngle yíhuìr, tā zhōngyú shuōchū-
琴顿住¹了，停了一会儿，她终于说出

le zìjǐ de yōulǜ: "Wǒmen de shì mā suīrán zàn-
了自己的忧虑²："我们的事妈虽然赞

chéng, dànshì tā bù tóngyì qǔxiāo jiù lǐjié, bú zàn-
成，但是她不同意取消旧礼节，不赞

chéng xīnshì hūnlǐ, wǒ hàipà..." tāmen liǎ chūle
成新式婚礼，我害怕……"他们俩出了

shāndòng.
山洞。

"Qínmèi, wǒ míngbai nǐ de yìsi, nǐ búyào
"琴妹，我明白你的意思，你不要

1. **顿住**: to stop; to pause

2. **忧虑**: worry

123

pà, shéi yě bù néng bǎ wǒmen fēnkāi."　　Juémín yòu yí cì
怕，谁也不能把我们分开。"觉民又一次

jiē guò huà lái,　jiānjué de shuō,　"Shuōdào wǒmen de shì-
接过话来，坚决地说，"说到我们的事

qing,　mā zǎo jiù tóng dà gē tánguò,　xiǎng zǎo diǎn jiē nǐ guò-
情，妈早就同大哥谈过，想早点接你过

lái,　　bùguò tāmen rènwéi bù xíng jiùlǐ shì juéduì　　zuò
来，不过他们认为不行旧礼是绝对 ¹ 做

bu dào de.　　Kěshì rúguǒ　nǐ dàishàng fèngguàn,　wǒ chā-
不到的。可是如果你戴上凤冠❷，我插

jīn pīhóng,　xiàng zhǎngbèimen kētóu,　xínglǐ,　huì yǒu
金披红❸，向长辈们磕头、行礼，会有

shénme jiéguǒ?　Lián wǒmen yě xiàng jiù　lǐjiào　dīle　tóu,
什么结果？连我们也向旧礼教低了头，

wǒmen hái yǒu shénme liǎnmiàn zài tán gǎigé,　gēn shè li
我们还有什么脸面 ² 再谈改革 ³，跟社里

de péngyoumen jiànmiàn?"
的朋友们见面？"

　　　Tāmen mòmò de chuānguò méilín,　dàole húbīn,
　　他们默默地穿过梅林，到了湖滨，

zài zǒujìn húxīntíng de shíhou,　Qín hūrán tòngkǔ de
在走进湖心亭的时候，琴忽然痛苦地

shuō: "Nà wǒmen háishi zǎo diǎn dào shànghǎi qù ba,　sān
说："那我们还是早点到上海去吧，三

biǎodì,　èr biǎomèi dōu zài nàr děng wǒmen." Tā de
表弟、二表妹都在那儿等我们。"她的

shēngyīn chàndǒu le.
声音颤抖了。

　　　"Wǒmen yào qù de,　dànshì xiànzài Zhōubào hái yǒu
　　"我们要去的，但是现在周报还有

1. 绝对：absolute

2. 脸面：(fig.) face

3. 改革：to reform

124

xǔduō gōngzuò. Wǒmen zhǔnbèizhe, zǒng yǒu yì tiān wǒmen
许多工作。我们准备着,总有一天我们

huì líkāi zhèr de." Juémín gèngjiā jiānjué de shuō,
会离开这儿的。"觉民更加坚决地说,

"Qín, nǐ xiāngxìn wǒ, nǐ nándào bú jìde jǐ nián qián de
"琴,你相信我,你难道不记得几年前的

shìqing, lián yéye dōu niùbuguò wǒ, tāmen hái yǒu
事情,连爷爷都拗不过我,他们还有

shénme kěpà? Zhǐyào wǒmen jiānchí, wǒmen jiù yídìng
什么可怕?只要我们坚持,我们就一定

shènglì. Rènhé zhàng'ài, rènhé shìlì dōu fēn bu kāi
胜利。任何障碍¹、任何势力²都分不开

wǒmen! "
我们!"

"Yǒu nǐ, shì de, rènhé shìlì, rènhé zhàng'ài
"有你,是的,任何势力、任何障碍

dōu fēn bu kāi wǒmen! " Qín chóngfùzhe Juémín de huà,
都分不开我们!"琴重复着觉民的话,

yì tóu zājìn tā de huáili.
一头扎进他的怀里。

Tāmen bǐcǐ shì zhèyàng de liǎojiě, zhèyàng de qīng-
他们彼此是这样的了解,这样的倾

xīn. Yí gè gòngtóng de mùbiāo xīyǐnzhe tāmen, gǔwǔ-
心³。一个共同的目标吸引着他们,鼓舞

zhe tāmen. Tāmen shì zhège hēi'àn shìjiè li de zuì xìng-
着他们。他们是这个黑暗⁴世界里的最幸

fú de rén.
福的人。

---

1. **障碍**: obstacle

2. **势力**: power, force

3. **倾心**: to have love for

4. **黑暗**: dark

Tips

❶ 纸灯笼, 一戳就破: This is a common expression in which the second part can be omitted. It means something (like a lie) is easily poked through, just like a paper lantern. In China, lanterns are usually made of paper or gauze with a frame of bamboo or iron wire.

❷ 凤冠: A headgear worn by an empress or concubine of an emperor or by a bride at her wedding ceremony in the old days. It is decorated with a phoenix design made of jewellery.

❸ 插金披红: The wedding costume for a bridegroom in the old days.

Questions

1. 在对待长辈们的看法和做法上,觉民和觉新有什么不同?
2. 琴为什么提出早点到上海去? 她担心什么?

十九、走自己的路

Lì qún Zhōubào shè jǔxíngle chuàngkān liǎng zhōu-
《利群周报》社举行了创刊两周

nián jìniàn dàhuì. Zhōubàoshè de fùzérén bàogàole liǎng
年纪念大会。周报社的负责人报告了两

nián lái de qíngkuàng. Tāmen yòng tiě de shìshí xiàng dàjiā
年来的情况。他们用铁的事实向大家

zhuāngyán xuāngào: Wǒmen gòngtóng wéi zhī fèndòu de shì
庄严¹宣告²：我们共同³为之奋斗的事

yè jìnbù le, fāzhǎn le, zhuàngdà le!
业⁴进步了，发展了，壮大⁵了！

Juémín jīdòng de xiàng dàjiā sànfā xiǎo cèzi hé
觉民激动地向大家散发小册子和

jìniànkān, láibīnmen de jíxí fāyán shǐ tā shēnshòu
纪念刊，来宾们的即席⁶发言使他深受

gǎndòng, tā zhōushēn de xuèyè xiàng hǎicháo yíyàng zài
感动，他周身的血液⁷像海潮⁸一样在

bēnyǒng. Dāng huìchǎng shang yǒu rén chàngqǐ Mǎsài-
奔涌⁹。当会场¹⁰上有人唱起《马赛

qǔ hé Guójìgē de shíhou, Juémín juéde zì-
曲》❶和《国际歌》❷的时候，觉民觉得自

jǐ hé dàjiā wánquán rónghé zài yìqǐ le. Zhè gēshēng
己和大家完全融合¹¹在一起了。这歌声

kòujīzhe rénmen de xīnxián, zhè gēshēng jīlì rén-
扣击¹²着人们的心弦¹³，这歌声激励人

1. 庄严 : solemmly
2. 宣告 : to declare
3. 共同 : common
4. 事业 : cause
5. 壮大 : to strengthen
6. 即席 : impromptu
7. 血液 : blood
8. 海潮 : tide
9. 奔涌 : to rush down
10. 会场 : meeting place
11. 融合 : to mix together
12. 扣击 : to tap
13. 心弦 : the heart's cord

127

men qù xiànshēn!　Qù fèndòu!
们去献身！去奋斗！

Zhège wǎnshang Juémín huídào jiā yǐjīng shì sān gēng
这个晚上觉民回到家已经是三更

shífēn le,　Juéxīn hái zài děng Juémín.
时分了，觉新还在等觉民。

"Nǐmen jīntiān kāihuì le?"　Juéxīn yòng dīchén
"你们今天开会了？"觉新用低沉 [1]

de shēngyīn wèn.
的声音问。

Juémín jīngqí de wàngzhe Juéxīn,　tǎnbái de shuō:
觉民惊奇地望着觉新，坦白地说：

"Shì de,　jīntiān shì Lì qún Zhōubào liǎng zhōunián jìniàn-
"是的，今天是《利群周报》两周年纪念

huì."　Juémín jiàn Juéxīn tòngkǔ de wàngzhe tā,　bùzhī Jué-
会。"觉民见觉新痛苦地望着他，不知觉

xīn yǒu shénme xīnshì.　Tā hūrán xiǎngdào Huì,　biàn wèn Jué-
新有什么心事。他忽然想到蕙，便问觉

xīn dào:　"Huì biǎojiě de língjiù jīntiān xiàzàngle ma?
新道："蕙表姐的灵柩今天下葬了吗？

Zhèng jiā méiyǒu zài fǎnhuǐ ba?"
郑家没有再反悔吧？"

"Zàng le."　Juéxīn dāyingzhe,　dīngzhe Juémín,　bàn-
"葬了。"觉新答应着，盯着觉民，半

tiān cái bèngchū yí jù:　"Èr dì,　nǐ bù nénggòu..."
天才迸出一句："二弟，你不能够……"

"Bù nénggòu? Shénme bù nénggòu?"　Juémín gèngjiā
"不能够？什么不能够？"觉民更加

jīng'è de kànzhe gēge.
惊愕 [2] 地看着哥哥。

1. 低沉: low and deep (voice)
2. 惊愕: astonished

128

"Nǐmen gàn de dōu shì wēixiǎn de shìqing," Juéxīn

"你们干的都是危险的事情，"觉新

jiāolǜ de shuō, "Nǐ bù néng ná nǐ de shēngmìng qù mào-

焦虑地说，"你不能拿你的生命去冒

xiǎn. Nǐ yīngdāng xiǎngdào sǐqù de yéye tóng diē mā."

险¹。你应当想到死去的爷爷同爹妈。"

"Dà gē, wǒ bìng méiyǒu zuò shénme wēixiǎn de shì

"大哥，我并没有做什么危险的事

qing, nǐ búbì tì wǒ dānxīn." Juémín tóngqíng de, wēn-

情，你不必替我担心。"觉民同情地、温

hé de ānwèi Juéxīn shuō.

和地安慰觉新说。

"Nǐ hái shuō méiyǒu wēixiǎn? Qián jǐ ge yuè bào shang

"你还说没有危险？前几个月报上

hái dēngguò Wú Pèifú qiāng shā gōngrén de xiāoxi, yǒu

还登过吴佩孚²❸枪杀工人的消息，有

hǎo xiē shěngfèn dōu zhuōguò xuésheng. Wǒ qiú nǐ yǐhòu

好些省份都捉过学生。我求你以后

búyào zài dào bàoshè qù le." Juéxīn tòngkǔ de

不要再到报社去了。"觉新痛苦地

āiqiú dào.

哀求³道。

"Wǒmen bú guò bàn ge zhōubào, bìng méiyǒu zuò bié

"我们不过办个周报，并没有做别

de shìqing, zhè shì méiyǒu wēixiǎn de." Juémín jiàn Juéxīn

的事情，这是没有危险的。"觉民见觉新

zhèyàng zháojí, xīnli hěn gǎndòng. Wèile ānwèi gē-

这样着急，心里很感动。为了安慰哥

ge, tā zhǐ shuōle yí bàn zhēn huà.

哥，他只说了一半真话。

1. 冒险: to take a risk

2. 吴佩孚: Wu Peifu, name

3. 哀求: to plead

"Dāngjú yí bù gāoxìng, shénme shìqing dōu zuò de
"当局一不高兴，什么事情都做得

chūlái. Kuàngqiě nǐmen bào shang shícháng mà jiù pài, dé-
出来。况且[1] 你们报上时常骂旧派，得

zuì bù shǎo rén, wǒ zhēn dānxīn suíshí dōu huì chū shìqing."
罪不少人，我真担心随时都会出事情。"

Juéxīn gèngjiā zháojí de shuō. Kànzhe Juémín jiāndìng de
觉新更加着急地说。看着觉民坚定[2] 的

yǎnguāng, tā yòu duì Juémín āiqiú dào: "Nǐ de sīxiǎng,
眼光，他又对觉民哀求道："你的思想，

nǐ de xìnyǎng, wǒ bù guǎn. Kàn zài diēmā de fèn shang,
你的信仰[3]，我不管。看在爹妈的份上，

wǒ zhǐ qiú nǐ búyào cānjiā tuántǐ huódòng, búyào
我只求你不要参加团体活动，不要

fābiǎo wénzhāng."
发表文章。"

Xiōngdì liǎ jìn zài zhǐchǐ, gǎnqíng shì zhèyàng hǎo,
兄弟俩近在咫尺[4]，感情是这样好，

tāmen bǐcǐ shì zhèyàng shóuxī, dàn yòu zhèyàng mò-
他们彼此是这样熟悉，但又这样陌

shēng. Tāmen zhōngjiān gézhe yí dào wúxíng de gāo qiáng.
生。他们中间隔[5] 着一道无形的高墙。

Tāmen tóng shì qīngnián, sīxiǎng jùlí què chà de tài
他们同是青年，思想距离[6] 却差得太

yuǎn le!
远了！

Juémín yǎozhe zuǐchún, bù huídá yí jù huà. Jué-
觉民咬[7] 着嘴唇，不回答一句话。觉

xīn jīntiān shì xiàle dà juéxīn de, tā jiēzhe shuō:
新今天是下了大决心[8] 的，他接着说：

1. 况且：besides
2. 坚定：resolute
3. 信仰：belief
4. 咫尺：very close
5. 隔：to separate
6. 距离：distance
7. 咬：to bite
8. 决心：determination

"Wǒ zhǐyǒu nǐmen dìxiōng liǎng gè, diē lín sǐ qián shì bǎ
"我只有你们弟兄两个，爹临死前是把

nǐmen liǎng gè jiāo gěi wǒ de. Sān dì zài Shànghǎi yídìng
你们两个交给我的。三弟在上海一定

jiārù gémìngdǎng le, nǐ wànyī zài yǒu ge hǎodǎi, wǒ
加入革命党了，你万一再有个好歹，我

jiānglái zài jiǔquán zhī xià hái yǒu shénme miànmù¹ qù jiàn
将来在九泉之下还有什么面目¹去见

tā lǎorénjiā?" Tā de yǎnlèi diàole xiàlái, tā kǔkǔ
他老人家？"他的眼泪掉了下来，他苦苦

āiqiú dào: "Èr dì, zhǐ zhè yí cì, nǐ jiù tīng wǒ de
哀求道："二弟，只这一次，你就听我的

huà ba, nǐ xiǎode wǒ quán shì wèi nǐ zháoxiǎng."
话吧，你晓得我全是为你着想。"

Juéxīn de xīn zài liúxiě, kànzhe lèiliú mǎnmiàn de
觉新的心在流血，看着泪流满面的

dà gē, Juémín de nèixīn jīnglìle² yì chǎng jīliè de
大哥，觉民的内心经历²了一场激烈的

dòuzhēng. Dànshì jīntiān de Juémín dàodǐ yǐjīng búshì Jué-
斗争。但是今天的觉民到底已经不是觉

huì³ chū zǒu qián de nàge Juémín le. Tā jiāndìng de yízì-
慧³出走前的那个觉民了。他坚定地一字

yídùn huídá dào: "Dà gē, wǒ gǎnjī nǐ duì wǒ de guān-
一顿回答道："大哥，我感激你对我的关

xīn, dànshì wǒ bù néng dāying nǐ, juéduì bù néng, wǒ
心，但是我不能答应你，绝对不能，我

yào zǒu wǒ zìjǐ de lù!"
要走我自己的路！"

1. 面目：face
2. 经历：to experience
3. 觉慧：Juehui, name

Tips

❶ 《马赛曲》: The Marseillaise, a famous revolutionary song composed in 1792 during the French Revolution, and now the national anthem of France.

❷ 《国际歌》: The Internationale, the battle song of the world proletariat, is a poem written by E. Pottier, a French worker and poet, in June, 1871 and was set to music by the worker and composer P. Degeyter.

❸ 吴佩孚: A Northern warlord. For details, see Tip 1, Chapter 8.

Questions

1. 觉新为什么恳求觉民"不要参加团体活动"、"不要写文章"?
2. 觉民是怎么回答觉新的?

二十、活人的问题

Juéxīn de dà jiù jiā chǎofānle tiān: Sūnshàonǎi
觉新的大舅家吵翻了天❶：孙少奶

gēn tā pópo chǎojià; Zhōu Bótāo piāntǎn xífu, dǐng-
跟她婆婆吵架；周伯涛偏袒 1 媳妇，顶

zhuàngle mǔqin; Zhōu lǎotàitai yí qì zhī xià, yídìng
撞了母亲；周老太太一气之下，一定

yào chūjiā; sūnshàonǎi kū ge bù xiū, nàozhe yào huí
要出家❷；孙少奶哭个不休 2，闹着要回

niángjia. Yīnwèi Zhōushì chūmén qù le, Juéxīn biàn bèi qǐng
娘家。因为周氏出门去了，觉新便被请

dào dà jiù jiā zuò táojiě rén. Juéxīn yìng lāzhe Juémín dào-
到大舅家做调解人 3。觉新硬拉着觉民到

le dà jiù jiā.
了大舅家。

Méi shàoye shòu duō le, bù shí gān ké, nà zhāng
枚少爷瘦多了，不时干咳 4，那张

cǎnbái de liǎn kàn qǐlái jiǎnzhí bú xiàng ge huórén. Zhōu lǎo-
惨白的脸看起来简直不像个活人。周老

tàitai liǎn shang de zhòuwén yě zēngjiāle xǔduō, tóufa
太太脸上的皱纹也增加了许多，头发

chàbuduō quán bái le. Zhōu jiā huí shěngchéng zǒnggòng bú
差不多全白了。周家回省城总共不

dào liǎng nián, biànhuà yǒu duō dà à! Yòng Zhōu lǎotàitai de
到两年，变化有多大啊！用周老太太的

1. 偏袒：to be partial
2. 不休：endlessly
3. 调解人：mediator
4. 干咳：dry cough

133

huà shuō: "Zhège jiā kuài nòng de qīlíng-bāluò le."
话说："这个家快弄得七零八落 ¹ 了。"

Juéxīn chéngkěn de fēnbié duì Méi, duì wàipó zuò-
觉新诚恳地分别 ² 对枚、对外婆做

le nàixīn de guīquàn. Méi kànjiàn Juéxīn xiōngdì zhǐshì
了耐心 ³ 的规劝 ⁴。枚看见觉新兄弟只是

sùkǔ; wàipó zé mányuàn sūnshàonǎi zhěngtiān chǎonào,
诉苦 ⁵；外婆则埋怨孙少奶整天吵闹 ⁶，

gèng shēngqì zìjǐ de sūnzi, yóuqí shì érzi yíwèi
更生气自己的孙子，尤其是儿子一味

piāntǎn tā, jiāozòng tā. Juéxīn duì wàipó shuōle xǔduō
偏袒她，骄纵 ⁷ 她。觉新对外婆说了许多

ānwèi de huà, quànle yízhèn, huàtí zìrán zhuǎndào
安慰的话，劝 ⁸ 了一阵，话题自然转到

Méi de bìng shang lái. Chénshì shuō Méi wázi jìnlái ké de
枚的病上来。陈氏说枚娃子近来咳得

lìhai, tā fùqin yìng shuō tā de shēntǐ bǐ yǐqián hǎo duō
厉害，他父亲硬说他的身体比以前好多

le, měitiān wǎnshang hái bīzhe tā zuò wénzhāng. Zhōulǎo
了，每天晚上还逼着他做文章。周老

tàitai zhǐshì yáotóu tànxī, ná Zhōu Bótāo méiyǒu bànfǎ.
太太只是摇头叹息，拿周伯涛没有办法。

Dāng Juéxīn fāxiàn Méi bùjǐn késou, tùxiě yě yǐ-
当觉新发现枚不仅咳嗽，吐血也已

jīng tùle bàn gè yuè le de shíhou, dà chī yì jīng. Tā
经吐了半个月了的时候，大吃一惊。他

xiǎngqǐ Huìlín sǐ qián tuōfù tā zhàoying Méi de huà, biàn
想起蕙临死前托付他照应 ⁹ 枚的话，便

háo bù chíyí de zhǎodào dà jiù, quànshuō dà jiù yào jí-
毫不迟疑地找到大舅，劝说大舅要及

1. 七零八落：scattered
2. 分别：separately
3. 耐心：patient
4. 规劝：advice
5. 诉苦：to vent grievances
6. 吵闹：to kick up a row
7. 骄纵：to indulge
8. 劝：to persuade
9. 照应：to look after

zǎo qǐng dàifu yīzhì.   Dànshì Zhōu Bótāo què yìng shuō "Méi
早[1]请大夫医治。但是周伯涛却硬说"枚

méiyǒu shénme bìng",   gèng fǎnduì kàn xīyī,   zuìhòu gān-
没有什么病",更反对看西医,最后干

cuì yǐ "zhī zǐ mò rú fù" de lǐyóu bǎ Juéxīn pèng-
脆[2]以"知子莫如父"❸的理由把觉新碰

le huílái.
了回来。

Huì de língjiù zǒngsuàn ānzàng le,   dànshì xiànzài yòu
蕙的灵柩总算安葬了,但是现在又

chūxiànle huórén de wèntí,   ér huórén de wèntí, hǎo-
出现了活人的问题,而活人的问题,好

xiàngbǐ sǐrén de wèntí gèng nán jiějué.
像比死人的问题更难解决。

Chūle dà jiù jiā,   Juéxīn xīnshì chóngchóng, Jué-
出了大舅家,觉新心事重重[3],觉

mín yìyánbùfā.   Juémín zǎo bǎ shìqing kàn de hěn míng-
民一言不发[4]。觉民早把事情看得很明

bai. Zài zhège jiā li,   rénmen dōu bú zànchéng Zhōu Bótāo
白。在这个家里,人们都不赞成周伯涛

de zhǔzhāng hé bànfǎ.   Kěshì zhège gōngguǎn li de zhǔ-
的主张和办法。可是这个公馆里的主

yào shìqing dōu yóu tā yí gè rén zhīpèi.   Tā qīngxǐng de kàn-
要事情都由他一个人支配[5]。他清醒地看

dào tā men huì ràng Zhōu Bótāo bǎ Méi shàoye sòngdào sǐlù
到她们会让周伯涛把枚少爷送到死路

shang qù,   jiù xiàng céngjīng bǎ Huì biǎojiě sòngdào sǐlù
上去,就像曾经把蕙表姐送到死路

shang qù yíyàng.
上去一样。

1. 及早: as soon as possible

2. 干脆: simply

3. 重重: numerous

4. 一言不发: to remain silent

5. 支配: to govern

135

Tips

❶ 翻了天：An expression used with unpleasant things which have reached the extreme or exceeded the normal standards.

❷ 出家：To leave one's home and become a monk, a nun or a Daoist priest.

❸ 知子莫如父：No one knows a son better than his father.

Questions

1. 觉新的大舅家为什么事吵翻了天？

2. 枚少爷婚后情形怎样？

3. 为什么一家人都反对周伯涛的处事态度，却还是由周伯涛决定着一切？

二十一、"该让位了"

Juéxīn xiōngdì cóng Zhōu jiā chūlái, biàn dào tāmen
觉新兄弟从周家出来，便到他们

de gūmǔ jiā qù. Xiàle jiàozi, tāmen yìbiān shuōhuà
的姑母家去。下了轿子，他们一边说话

yìbiān zǒujìn Zhāng jiā de yuànzi.
一边走进张家的院子。

"Jīntiān jiǎnzhí shì bái pǎo yí tàng," Juéxīn kǔnǎo
"今天简直是白跑一趟，"觉新苦恼

de shuō, "Wǒ kàn Méi biǎodì zhè tiáo mìng yòu wán le."
地说，"我看枚表弟这条命又完了。"

"Wǒ jiù méiyǒu jiànguò xiàng dà jiù zhèyàng de hútu-
"我就没有见过像大舅这样的糊涂

chóng! Nǐ gēn tā jiǎnglǐ jiǎnzhí shì báifèi jīngshen. Piān-
虫❶！你跟他讲理简直是白费¹精神。偏

piān yìjiārén hái jiù tā yí gè rén shuōle suàn." Juémín
偏一家人还就他一个人说了算。"觉民

shēngqì de shuō.
生气地说。

Tāmen jìnle tángwū, gěi gūmā xíngle lǐ, wèn-
他们进了堂屋，给姑妈行了礼，问

hòule Qín, biàn zuòle xiàlái.
候²了琴，便坐了下来。

"Zhè jǐ tiān sì shěn tóng Chén yítài yòu zhǎo shìqing lái
"这几天四婶同陈姨太又找事情来

---

1. 白费: to waste
2. 问候: to greet; to pay respect to

137

nào méiyǒu?" Zhāng tàitai yímiàn ràng nǚ yòngrén dào chá
闹 没 有？"张 太 太 一 面 让 女 用 人 倒 茶

yímiàn wèn.
一 面 问 。

Juéxīn chíyíle yí xià, yáoyao tóu dádào: "Méi-
觉 新 迟 疑 了 一 下 ，摇 摇 头 答 道 ："没

yǒu, búguò sì shěn jiàndào mā lián lǐ yě bù lǐ le."
有 ，不 过 四 婶 见 到 妈 连 理 也 不 理 了 。"

"Tīngshuō sì dì nào xiǎodàn, mǎi qǐ yīliào lái, yí
"听 说 四 弟 闹 小 旦 ，买 起 衣 料 来 ，一

cì jiùshì yì bǎi jǐ. Xiànzài shìdào bù hǎo, tián shang de
次 就 是 一 百 几 。现 在 世 道 [1] 不 好 ，田 上 的

shōurù yě yuè lái yuè shǎo, wǒ kàn tāmen jiānglái zěn
收 入 ❷ 也 越 来 越 少 ，我 看 他 们 将 来 怎

me déliǎo?" Zhāng tàitai shuōdào zhèli, bù jīn tàn qǐ
么 得 了 ？"张 太 太 说 到 这 里 ，不 禁 叹 起

qì lái.
气 来 。

"Gūmā shuō de shì. Wǒ yě zháojí." bàntiān méi-
"姑 妈 说 得 是 。我 也 着 急 。"半 天 没

yǒu shuōhuà de Juéxīn shuōdào, "Wài zhōu xiàn bú tàipíng,
有 说 话 的 觉 新 说 道 ，"外 州 县 不 太 平 [2]，

tián shang zǒngshì rùbùfūchū, zhèyàng xiàqù wǒmen Gāo
田 上 总 是 入 不 敷 出 [3]，这 样 下 去 我 们 高

jiā zhège júmiàn shízài nán wéichí. Kěshì sì bà, wǔ
家 这 个 局 面 [4] 实 在 难 维 持 [5]。可 是 四 爸 、五

bà hǎoxiàng zhù zài jīnshān, yínshān lǐmian, zhǐguǎn huā
爸 好 像 住 在 金 山 、银 山 里 面 ，只 管 [6] 花

qián rú liúshuǐ. Sì bà zuìjìn yòu zài wàimian zūle xiǎo
钱 如 流 水 。四 爸 最 近 又 在 外 面 租 了 小

1. 世道：manners and morals of the time

2. 太平：peaceful

3. 入不敷出：cannot make ends meet

4. 局面：situation

5. 维持：to maintain

6. 只管：only to care about

秋
Autumn

gōngguǎn ānzhì chàng xiǎodàn de Zhāng Bìxiù."
公馆安置[1]唱小旦的张碧秀。"

Zhāng tàitai tīng de liánlián yáotóu, bànshǎng cái shuō:
张太太听得连连摇头，半晌才说：

"Hǎoxiàng nǐ wǔ bà yě yǒu ge xiǎo gōngguǎn."
"好像你五爸也有个小公馆。"

"Shì de, wǔ bà zài wàimian yǎngle ge jìnǚ jiào
"是的，五爸在外面养了个妓女叫

ˊLǐbàiyīˊ." Juémín lěnglěng de shuō. Tā gēn Zhāng tài-
'礼拜一[2]'。"觉民冷冷地说。他跟张太

tai, Juéxīn bù tóng, tā xīnli méiyǒu yìdiǎn bù'ān.
太、觉新不同，他心里没有一点不安[3]。

Tā xiǎng zhège dàjiātíng de shuāiluò shì zhùdìng de le.
他想这个大家庭的衰落是注定[4]的了。

Huàtí hěn kuài zhuǎndàole Zhāng tàitai wéiyī de xīn-
话题很快转到了张太太唯一的心

shì— Qín hé Juémín de hūnshì shang. Zhāng tàitai shuō,
事——琴和觉民的婚事上。张太太说，

rúguǒ bú shì tāmen liǎng gè rén shícháng tán shénme xīn zhǔ-
如果不是他们两个人时常谈什么新主

yi, xīn bànfǎ, shìqing zǎo jiù bàntuǒ le. Rújīn qíngxíng
意，新办法，事情早就办妥了。如今情形

jiūjìng gēn cóngqián bù yíyàng le, zìjǐ shì jiù nǎojīn,
究竟跟从前不一样了，自己是旧脑筋[5]，

nào bu hǎo dào huì hàile tāmen. Tā yòu tèbié duì Juéxīn
闹不好倒会害了他们。她又特别对觉新

shuō: "Niánqīngrén róngyì míngbai niánqīngrén de xīnshì,
说："年轻人容易明白年轻人的心事，

wǒ jiù bǎ zhè jiàn shìqing tuōfù gěi nǐ." Juéxīn yě mǎn
我就把这件事情托付给你。"觉新也满

1. 安置: to help settle down

2. 礼拜一: name of a prostitute

3. 不安: unease

4. 注定: to be doomed

5. 脑筋: brain

141

kǒu yìngchéng xiàlai.
口应承下来。

Qín hóngzhe liǎn wàngzhe mǔqin xiào, tā qīnrè de
琴红着脸望着母亲笑，她亲热地

chēngzàn mǔqin shuō: "Xiǎng bu dào mā yě yǒu xīn sīxiǎng!
称赞母亲说："想不到妈也有新思想！

mā dào shì ge xīn rénwù! "
妈倒是个新人物¹！"

"Wǒ nǎ dǒngde shénme xīn sīxiǎng, shuō shíhuà,
"我哪懂得什么新思想，说实话，

nǐmen jīntiān zhèyàng, míngtiān nàyàng, wǒ gēn bú shàng nǐ-
你们今天这样，明天那样，我跟不上你

men de xīn míngtang. Búguò—" Zhāng tàitai chéngkěn de
们的新名堂。不过——"张太太诚恳地

shuō, "Wǒ juéde nǐmen liǎng gè dōu hǎo. Piānpiān nàxiē
说，"我觉得你们两个都好。偏偏那些

niánjì dà de rén yòu bù zhēngqì. Wǒ lǎo le, yě gāi ràng
年纪大的人又不争气。我老了，也该让

wèi le. Nǐmen niánjì qīngqīng, rìzi jiǔcháng. Wǒ shì ge
位了。你们年纪轻轻，日子久长。我是个

lǎo gǔdǒng, wǒ bù néng fánghài nǐmen de qiánchéng."
老古董，我不能妨害²你们的前程。"

Zhāng tàitai de yì xí huà, bǎ Qín hé Juémín shuō de
张太太的一席话，把琴和觉民说得

xīnli nuǎnhōnghong de, tāmen jǐn yǒu de nà yì diǎn yí-
心里暖烘烘³的，他们仅有的那一点疑

lǜ wánquán dǎxiāo le.
虑⁴完全打消⁵了。

1. 人物: character, figure

2. 妨害: to stand in one's way

3. 暖烘烘: nice and warm

4. 疑虑: doubt

5. 打消: to clear

Tips

❶ 糊涂虫：A derogatory term referring to an extremely muddle-headed person.

❷ 田上的收入：Income from the land – land rent.

Questions

1. 琴为什么说自己的母亲"是个新人物"？

2. 张太太是怎样看待和评价长辈们和年轻人的？和《家》中的张太太相比，这个人物有了什么变化？

二十二、进学堂

Méi zài tā de yuèfù jiā zuòkè, chīfàn de shíhou,
枚在他的岳父家做客，吃饭的时候，

hēle hǎo duō jiǔ, líkāi zhuōzi jiù tùle qǐlái, tù
喝了好多酒，离开桌子就吐了起来，吐

de jìn shì xiě. Tā de qīzi péi tā huídào jiā li, zuò
的尽是血。他的妻子陪他回到家里，做

fùqin de Zhōu Bótāo yě méile zhǔyi. Tā pàirén bǎ zhèng
父亲的周伯涛也没了主意。他派人把正

zài Gāo jiā de Zhōu lǎotàitai, Chénshì jiàole huílái. Lín-
在高家的周老太太、陈氏叫了回来。临

zǒu de shíhou, Zhōu lǎotàitai kěnqiú Juéxīn shuō: "Qǐng nǐ
走的时候，周老太太恳求觉新说："请你

péi wǒmen zǒu yí tàng, wǒ kàn nǐ nàge dà jiù méiyǒu
陪我们走一趟，我看你那个大舅没有

yìdiǎnr yòng."
一点儿用。"

Juéxīn cóng Zhōu jiā pífá de huídào jiā li, xiàng dà-
觉新从周家疲乏地回到家里，向大

jiā bàogàole Méi de bìngqíng. Tā shuō: "Wǒ kàn Méi
家报告了枚的病情 1。他说："我看枚

biǎodì bùxíng le. Zuìduō búguò yì liǎng ge yuè. Yīshēng
表弟不行了。最多不过一两个月。医生

shuō rúguǒ zǎo diǎn kàn, huòzhě hái yǒu bànfǎ."
说如果早点看，或者还有办法。"

1. **病情**: the condition of a patient

144

"Zhè dōu shì dà jiù yí gè rén de cuò, shénme shì dōu
"这都是大舅一个人的错,什么事都

shì tā nào chūlái de." Shūhuá qìfèn de shuō.
是他闹出来的。"淑华气愤地说。

"Zhè bù zhǐ shì yí gè rén de cuò, zhìdù yě yǒu guān-
"这不止是一个人的错,制度也有关

xì. Bùrán dà jiù zěnme néng bǎ Méi biǎodì de xìngmìng [1]
系。不然大舅怎么能把枚表弟的性命[1]

niē zài shǒu li, yí gè rén xiǎng zěnyàng jiù zěnyàng?" Jué-
捏在手里,一个人想怎样就怎样?"觉

mín yánsù de shuō. Shūhuá bú dà míngbai Juémín de huà,
民严肃地说。淑华不大明白觉民的话,

tā jìxù fāxiè shuō: "Rúguǒ Méi biǎodì bìng yī bu hǎo,
她继续发泄说:"如果枚表弟病医不好,

nàme Zhōu jiā jiù cóngcǐ wánjié le. Kàn dà jiù yǐhòu
那么周家就从此完结[2]了。看大舅以后

háiyǒu shénme bǎxì! Kuī tā huóle jǐshí suì, jiù zhèyàng
还有什么把戏!亏他活了几十岁,就这样

hútu! "
糊涂!"

"Sān mèi! Nǐ shǎo luàn shuō!" Juéxīn zǔzhǐ Shū-
"三妹!你少乱说!"觉新阻止淑

huá shuō, "Zhōu jiā bú huì wánjié, biǎodìmèi yǒu
华说,"周家不会完结,表弟妹有

'xǐ', le."
'喜'了。"

"Biǎodìmèi yǒu 'xǐ' le? Nà cái kělián ne! Bú-
"表弟妹有'喜'了?那才可怜呢!不

lùn shēng ér shēng nǚ, wǒ kàn dà jiù yě huì zhào tā dài Huì
论生儿生女,我看大舅也会照他待蕙

1. 性命: life

2. 完结: to come to an end

145

biǎojiě、 Méi biǎodì nàge yàngzi dài tā (tā) de! " Shū-
表姐、枚表弟那个样子待他(她)的！"淑

huá fǎnbó dào.
华反驳道。

Juéxīn juéde Shūhuá shuō de tài guòfèn le, yě dǔ-
觉新觉得淑华说得太过分了，也赌

qì shuō: "Tīng nǐ de kǒuqì, hǎoxiàng yào dǎdǎo dà jiù
气¹说：“听你的口气，好像要打倒²大舅

cái gānxīn! "
才甘心³！”

Tīng Juéxīn zhèyàng shuō, Shūhuá dào pūchī yì shēng
听觉新这样说，淑华倒噗哧⁴一声

xiào le. Guòle yíhuìr, tā hūrán xiàng Juéxīn shuōqǐ-
笑了。过了一会儿，她忽然向觉新说起

le xiàbànnián tā xiǎng jìn xuétáng dúshū de shì. Juéxīn yì
了下半年她想进学堂读书的事。觉新一

shí huídá bù chū, biàn shuō: "Sān bà yídìng bù dāying
时回答不出，便说：“三爸一定不答应，

tā shì jiāzhǎng."
他是家长。”

"Jiāzhǎng? Jiā lǐtou xǔduō guài shì, nǐ shuō tā
“家长？家里头许多怪事⁵，你说他

guǎndàole nǎ yí jiàn? Huài shì guǎn bu liǎo, hǎo shì tā jiù yào
管到了哪一件？坏事管不了，好事他就要

lái guǎn. Nǐ pà tā, wǒ bú pà. Wǒ yídìng yào jìn xuétáng
来管。你怕他，我不怕。我一定要进学堂

dúshū, nǐ bù dāying, háiyǒu èr gē gěi wǒ bāngmáng! "
读书，你不答应，还有二哥给我帮忙！”

Shūhuá shēngqì de shuō.
淑华生气地说。

1. 赌气: to act out of spite
2. 打倒: down with
3. 甘心: to be reconciled
4. 噗哧: titter
5. 怪事: strange things

"Sān mèi, nǐ hébì shēngqì," Juéxīn máng jiěshì
"三妹，你何必生气，" 觉新忙解释

shuō, "Wǒ bìng méiyǒu shuō bù zhǔn nǐ jìn xuétáng. Shìqing zǒng-
说，"我并没有说不准你进学堂。事情总

děi mànman shāngliang..."
得慢慢 商量……"

Juéxīn huà hái méi shuōwán, liánzi yí dòng, Zhōushì
觉新话还没说完，帘子¹一动，周氏

jìnlai le. Zhōushì jiàn Juéxīn huílái le, liánmáng wèn Méi
进来了。周氏见觉新回来了，连忙问枚

de qíngkuàng, děng Juéxīn shuōwán, Zhōushì liánlián máiyuàn
的情况，等觉新说完，周氏连连埋怨

zìjǐ de dà gē tài gùzhi! Tài hútu! Shūhuá chéng
自己的大哥太固执！太糊涂！淑华乘

zhège jīhuì, xiàng Zhōushì tíchūle jìn xuétáng de yāoqiú.
这个机会，向周氏提出了进学堂的要求。

Zhōushì zhòule zhòu méitóu, yìshí dá bù chū huà lai. Qín
周氏皱了皱眉头，一时答不出话来。琴

hé Juémín dōu gǎnjǐn zài pángbiān bāngmáng. Bànshǎng, Zhōushì
和觉民都赶紧在旁边帮忙。半晌，周氏

cái wēnhé de shuō: "Nǐmen búyòng shuō le, qíshí wǒ
才温和地说："你们不用说了，其实我

bìng bù juéde xuétáng yǒu shénme bù hǎo. Pìrú Qín
并不觉得学堂有什么不好。譬如²琴

gūniang, jìnle xuétáng jiù bǐ biéren dōu dǒng shìqing."
姑娘，进了学堂就比别人都懂事情。"

Tā wàngzhe Qín wēiwēi yí xiào, "Búguò wǒmen Gāo jiā de
她望着琴微微一笑，"不过我们高家的

gūniang cóng méiyǒu jìnguò xuétáng. Lián nǐmen cóngqián zài
姑娘从没有进过学堂。连你们从前在

1. 帘子: door screen
2. 譬如: for example

147

书房里头跟着先生读书，他们也不高

兴。"她望着淑华诚恳地说："三爸虽

然固执，倒还是个正派 [1] 人。只有你四

爸、四婶、五爸、五婶几个人爱说闲

话。"觉民很理解 [2] 周氏的处境，便说：

"我们也知道妈有妈的苦衷 [3]。不过我觉

得他们也闹不出什么事情来。他们自己

就没有立过一个好榜样，哪儿配来管

我们？……"

突然一阵叫骂声传进来，接着便

是摔盘子和椅子、凳子倒地的声音。

淑华听出又是五爸同五婶在吵，便

气愤地说："他们闹不要紧，只苦了一个

四妹。五婶一会儿吵不赢 [4]，又要拿四妹

来出气。我看总有一天要把四妹折磨死

1. 正派：honest
2. 理解：to understand
3. 苦衷：pains
4. 赢：to win

cái gānxīn!"

才甘心！"

"Wǒ qù qǐng sān bà lái." Juéxīn tòngkǔ de zìyǔ

"我去请三爸来。"觉新痛苦地自语

dào, shuōzhe zhàn qǐlái yào wǎng wài zǒu.

道，说着站起来要往外走。

"Nǐ búyào qù," Zhōushì zǔzhǐ Juéxīn shuō, "Sān

"你不要去，"周氏阻止觉新说，"三

bà lái yě guǎn bù liǎo. Tā guǎn de liǎo, tāmen zǎo jiù bú

爸来也管不了。他管得了，他们早就不

nào le. Nǐ bǎ sān bà qǐng lái, búguò ràng tā duō shēng diǎn

闹了。你把三爸请来，不过让他多生点

qì. Jìnlái tā shēntǐ yòu bú dà hǎo!" Shuōwán, tā kàn

气。近来他身体又不大好！"说完，她看

jiàn Shūhuá, Juémín, Qín zhè jǐ ge niánqīngrén dōu zànxǔ[1]

见淑华、觉民、琴这几个年轻人都赞许[1]

de kànzhe tā. Tāxiǎng: Zhège shídài shì shǔyú zhèxiē

地看着她。她想：这个时代是属于这些

niánqīngrén de, zhǐyǒu tāmen cái kěyǐ gěi tā yìdiǎn ān-

年轻人的，只有他们才可以给她一点安

wèi, yìdiǎn wēnnuǎn. Tā yúkuài de duì Shūhuá shuō: "Sān

慰，一点温暖。她愉快地对淑华说："三

nǚ, wǒ dāyìng nǐ jìn xuétáng. Wǒmen búyào guǎn tā-

女，我答应你进学堂。我们不要管他

men. Rènpíng tāmen shuō hǎo shuō dǎi, nǐ zhǐguǎn yònggōng[2]

们。任凭他们说好说歹，你只管用功[2]

dú nǐ de shū. Jiānglái yídìng yào zhēng kǒu qì. Nǐmen dōu

读你的书。将来一定要争口气。你们都

yào gěi wǒ zhēng yì kǒu qì."

要给我争一口气。"

1. 赞许: praisingly
2. 用功: to study hard

149

Zhōushì de huà bǎ jǐ ge niánqīngrén de xīn dōu zhào-

周氏 的 话 把 几 个 年轻人 的 心 都 照

liàng le.

亮¹ 了。

"Mā, nǐ zhēn hǎo!" Shūhuá chàbuduō huānxǐ de

"妈，你 真 好！" 淑华 差不多 欢喜 得

tiào qǐlái. Juéxīn hánzhe lèi gǎndòng de xiào le.

跳 起来。 觉新 含着 泪 感动 地 笑 了。

Tāmen tài gāoxìng le, jìngrán méiyǒu zhùyì dào

他们 太 高兴 了， 竟然 没有 注意 到

yí gè shóuxī de jiǎobù shēng jīngguò mén wài, yě méiyǒu

一 个 熟悉 的 脚步 声 经过 门 外， 也 没有

zhùyì dào yātou Chūnlán hūhuàn "sì xiǎojiě" de shēngyīn.

注意 到 丫头 春兰 呼唤 "四 小姐" 的 声音。

Dàidào jījǐng de Qín fājué chūle shì le, dàjiā

待到 机警² 的 琴 发觉 出了 事 了，大家

zǒuchū wūmén de shíhou, yǐjīng tài wǎn le. Tāmen tīngdào-

走出 屋门 的 时候，已经 太 晚 了。他们 听到

le Chūnlán de kū hǎn shēng: "...Wǒmen sì xiǎojiě...

了 春兰 的 哭 喊 声：" …… 我们 四 小姐 ……

tiào jǐng le! Sì xiǎojiě... tiào jǐng le!"

跳 井 了³！四 小姐 …… 跳 井 了！"

Dàjiā dōu jīngdāi le. Juémín dì-yī ge chōngjìnle

大家 都 惊呆⁴ 了。觉民 第一 个 冲进 了

hēiyè li.

黑夜 里。

1. 照亮：to illuminate

2. 机警：sharp-witted

3. 跳井：to drown one-self in a well

4. 惊呆：stupefied

150

Question

1. 周氏为什么痛痛快快地答应了淑华进学堂的要求？她是怎么想的？

二十三、悠悠[1]苍天[2]

Shūzhēn de shītǐ dǎlāo shànglái le. Juéxīn,
淑贞的尸体[3]打捞[4]上来了。觉新、

Juémín liǎng rén táizhe Shūzhēn de shītǐ zǒuxià jǐng biān de
觉民两人抬着淑贞的尸体走下井边的

shíjiē.
石阶。

Shūhuá lián shēng hǎnzhe "sì mèi", yǎnlèi sùsù de
淑华连声喊着"四妹",眼泪簌簌地

liú xiàlái.
流下来。

Qín yòng shuāngshǒu méngzhe liǎn chōnqì qǐlái.
琴用双手蒙[5]着脸抽泣起来。

Shěnshì kūzhe, rāngzhe pū shànglái, yì bǎ zhuāzhù
沈氏哭着、嚷着扑上来,一把抓住

nà zhī bīnglěng de shǒu wǎng zìjǐ de liǎn shang cā, tā sǐ-
那只冰冷[6]的手往自己的脸上擦,她死

sǐ de bàozhù Shūzhēn dīzhe shuǐ de shēnzi bùkěn fàng.
死地抱住淑贞滴[7]着水的身子不肯放。

Kèmíng bàozhe shuǐyāndài tóng huáizhe yùn de Zhāngshì
克明抱着水烟袋同怀着孕的张氏

yìqǐ lái le. Tā chénzhe liǎn, shénme huà yě bù shuō.
一起来了。他沉着脸,什么话也不说。

Tā shòudàole yí gè dà de dǎjī.
他受到了一个大的打击。

1. 悠悠：distant
2. 苍天：azure heaven
3. 尸体：dead body; corpse
4. 打捞：to retrieve
5. 蒙：to cover
6. 冰冷：icy
7. 滴：to drip

秋
Autumn

Zhōushì, Zhāngshì jǐ ge rén yìbiān cā yǎnlèi yì-
周氏、张氏几个人一边擦眼泪一

biān quàn Shěnshì. Tāmen hǎo bù róngyì cái bǎ kū de sǐ-
边劝沈氏。她们好不容易才把哭得死

qùhuólái de Shěnshì lākāi le. Shěnshì zhèngzházhe, kū-
去活来的沈氏拉开了。沈氏挣扎着、哭

hǎnzhe, sīchězhe zìjǐ de tóufa. Tā yǐjīng kū bu
喊着，撕扯 [1] 着自己的头发。她已经哭不

chū shēngyīn lái le.
出声音来了。

Juéxīn táizhe Shūzhēn de shàng bàn shēn. Tā de nǎozi
觉新抬着淑贞的上半身。他的脑子 [2]

mámù le, yǎnlèi shíshí luò zài Shūzhēn bīnglěng de liǎn
麻木 [3] 了，眼泪时时落在淑贞冰冷的脸

shang. Juémín táizhe shūzhēn de tuǐ. Tā yǎojǐn yáguān,
上。觉民抬着淑贞的腿。他咬紧牙关 [4]，

búràng zìjǐ diào yì dī lèi. Tā dāyingguò yào jiù tā
不让自己掉一滴泪。他答应过要救她

de, tā shǐzhōng zài děngdàizhe tā de bāngzhù. Rújīn tā
的，她始终在等待着他的帮助。如今他

gūfùle zhège nǚhái de xìnrèn, zài yě méiyǒu bànfǎ
辜负 [5] 了这个女孩的信任，再也没有办法

bǔjiù le. Tā huǐhèn! Tā tòngxīn!
补救 [6] 了。他悔恨！他痛心 [7]！

Tāmen táizhe Shūzhēn chūle yuánmén, jìnle guò-
他们抬着淑贞出了园门，进了过

dào, zǒuxià tiānjǐng, jīngguò tángwū, púrénmen jǐ cì yào
道，走下天井，经过堂屋，仆人们几次要

lái huàn tāmen, xiōngdì liǎ dōu zhǐshì yáotóu, bù huídá
来换他们，兄弟俩都只是摇头，不回答

1. 撕扯：to tear
2. 脑子：mind, brain
3. 麻木：numb
4. 牙关：jawbone
5. 辜负：to let down
6. 补救：remedy
7. 痛心：painful

155

yí gè zì. Zhèshì tāmen duì zhège shíwǔ suì de xiǎo mèi-
一个字。这是他们对这个十五岁的小妹

mei zuò de zuìhòu yí jiàn shìqing, tāmen zài bùkěn fàngkāi
妹做的最后一件事情，他们再不肯放开

shǒu le. Tāmen mòmò de jìxù zǒuzhe, zǒuzhe. Shūzhēn
手了。他们默默地继续走着，走着。淑贞

de shēnzi biànde gèngjiā chénzhòng le...
的身子变得更加沉重 1 了……

Tāmen jìnle Shūzhēn de fángjiān, bǎ Shūzhēn de shī-
他们进了淑贞的房间，把淑贞的尸

tǐ fàng dào tā de chuáng shang. Juémín qīngqīng de lāle yì
体放到她的床上。觉民轻轻地拉了一

chuáng báo bèi gàizhùle tā de shēnzi, Juéxīn xiǎoxīn-
床薄被 2 盖 3 住了她的身子，觉新小心

yìyì de yòng shǒupà kāiqù tā zuǐjiǎo shang de xuèjì.
翼翼 4 地用手帕揩去她嘴角上的血迹 5。

Shěnshì fēngkuáng de pū shànglái, bàozhe Shūzhēn de shī-
沈氏疯狂 6 地扑上来，抱着淑贞的尸

tǐ shīshēng tòngkū qǐlái. Juémín lāle lā Juéxīn de xiù-
体失声痛哭起来。觉民拉了拉觉新的袖

zi, dīshēng shuō: "Wǒmen zǒu ba."
子，低声说："我们走吧。"

Yí jù xiǎoxiǎo de guāncai zhuāngxiàle Shūzhēn de
一具 7 小小的棺材装下了淑贞的

shītǐ. Yí gè jìmò de hángliè bǎ guāncai sòngdào chéng
尸体。一个寂寞的行列8 把棺材送到城

wài de yí zuò gǔmiào li qù. Zhè zuò miào duì Juéxīn, Qín
外的一座古庙里去。这座庙对觉新、琴

hé Shūhuá shì bú mòshēng de Qián Méifēn de língjiù liǎng
和淑华是不陌生的。钱梅芬 9 的灵柩两

1. 沉重: heavy
2. 被(子): quilt
3. 盖: to cover
4. 小心翼翼: very careful
5. 血迹: blood stain
6. 疯狂: mad, wild
7. 具: a measure word
8. 行列: procession
9. 钱梅芬: Qian Meifen, name

nián qián yěshì tíng zài zhèli de.
年前也是停在这里的。

"Zhè gēn qiánnián de qíngxing yíyàng, wǒ hǎoxiàng shì zài
"这跟前年的情形一样,我好像是在

zuòmèng." Juéxīn chàngwǎng de duì Juémín shuō.
做梦。"觉新怅惘[1]地对觉民说。

"Nǐ yòu xiǎngqǐ Méi biǎojiě le, shì bu shì?" Juémín
"你又想起梅表姐了,是不是?"觉民

tóngqíng de dī shēng wèndào.
同情地低声问道。

Juéxīn diǎndiǎn tóu, huídá shuō: "Wǒ qiántiān gěi tā
觉新点点头,回答说:"我前天给她

shàngguò fén. Tā sǐle liǎng nián le. Lěnglěng-qīngqīng de,
上过坟[2]。她死了两年了。冷冷清清的,

méiyǒu rén guǎn. Féntóu shang de cǎo dōu zhǎngmǎn le." Tā
没有人管。坟头上的草都长满了。"他

tànle yì kǒu qì, hūrán yǎngqǐ tóu, yǎnjing wàngzhe tiān-
叹了一口气,忽然仰[3]起头,眼睛望着天

kōng, tòngkǔ de shuō: "Wèi shénme sǐ de zǒngshì tāmen?
空,痛苦地说:"为什么死的总是她们?

Wèi shénme xīshēng de zǒngshì niánqīng de shēngmìng?" Tā
为什么牺牲的总是年轻的生命?"他

de shēngyīn xiǎngchè tiānkōng, dànshì yōuyōu cāngtiān chén-
的声音响彻[4]天空,但是悠悠苍天沉

mòzhe, bù gěi tā yí ge huídá.
默着,不给他一个回答。

"Zhèshì yīnwèi zhìdù! Zhìdù!" Juémín fènfèn de
"这是因为制度!制度!"觉民愤愤地

dádào. Tā kàn Juéxīn bú zuò shēng, biàn yòu jǐnggào shuō:
答道。他看觉新不作声,便又警告说:

1. 怅惘: distracted
2. 上坟: to visit sb.'s grave
3. 仰: to raise
4. 响彻: to resound all over

157

"Sǐle de shì méiyǒu bànfǎ le. Wǒmen yīnggāi xiǎng bàn-
"死了的是没有办法了。我们应该想办

fǎ jiù nàxiē hái huózhe de rén. Rúguǒ wǒmen zǎodiǎn xiǎng
法救那些还活着的人。如果我们早点想

fǎzi, sì mèi yě búzhìyú zhème cǎn sǐ."
法子,四妹也不至于这么惨 1 死。"

Juéxīn zhízhí de kànzhe Juémín. Shěnshì de āiháo
觉新直直地看着觉民。沈氏的哀号

shēng yízhèn jǐn shì yízhèn. Tīngzhe zhè kū shēng, Juéxīn
声一阵紧似一阵。听着这哭声,觉新

xīnli gèngjiā nánguò, biànduì Juémín shuō: "Wǔ shěn dào
心里更加难过,便对觉民说:"五婶倒

yě qíguài, sì mèi sǐ le, tā zhèyàng shāngxīn. Yàoshi
也奇怪,四妹死了,她这样伤心。要是

dāngchū tā dài sì mèi shāowēi hǎo yìdiǎnr..."
当初她待四妹稍微 2 好一点儿……"

"Rén dàgài jiùshì zhèyàng, yào dào zìjǐ chīgòu-
"人大概就是这样,要到自己吃够

le kǔtou, cái huì juéwù, zhǐshì tài wǎn le." Juémín
了苦头,才会觉悟 3,只是太晚了。"觉民

dádào.
答道。

1. 惨: tragic
2. 稍微: slightly
3. 觉悟: awake

Questions

1. 觉新兄弟为什么一直抬着妹妹淑贞尸体不肯让仆人们来换?
2. 淑贞的死使觉新想起了谁?杀死淑贞的凶手到底是谁呢?

二十四、卖公馆

Wángshì fàngchū fēng lái shuō: Kè'ān hé Kèdìng shāng-
王氏放出风来❶说：克安和克定商

liàngzhe yào mài gōngguǎn le.
量着要卖公馆了。

　　Xiāoxi chuánlái, zuì nánguò de shì Shěnshì. Xiǎngdào
　　消息传来，最难过的是沈氏。想到

gēn Kèdìng bān chūqù, gēn nàge shénme "Lǐbàiyī" zhù
跟克定搬出去，跟那个什么"礼拜一"住

zài yìqǐ, tā jiù gǎndào kǒngbù. Wángshì hé Chén yítài
在一起，她就感到恐怖。王氏和陈姨太

shì mǎnmiàn-chūnfēng, tāmen shuō: "Màidiào gōngguǎn, dà-
是满面春风，她们说："卖掉公馆，大

jiā yě hǎo bǔtiē bǔtiē." Jiānjué fǎnduì de shì Kè-
家也好补贴¹补贴。"坚决反对的是克

míng, lǐyóu shì "Diē bú yuànyì yìjiārén jiù zhèyàng fēn-
明，理由是"爹不愿意一家人就这样分

sàn, diē yízhǔ shang shuō de míngbai, wúlùn zěnyàng bù
散，爹遗嘱上说得明白，无论怎样不

kěyǐ mài fángzi. Yào mài, chúfēi² děng wǒ sǐ le!" Jué-
可以卖房子。要卖，除非²等我死了！"觉

xīn rènwéi gōngguǎn shì yéye yíbèizi de xīnxuè, xiàn-
新认为公馆是爷爷一辈子的心血³，现

zài lián gōngguǎn yě yào màidiào, shízài shì duìbuqǐ tā
在连公馆也要卖掉，实在是对不起他

1. 补贴: subsidy
2. 除非: unless
3. 心血: energy

159

老人家❷。觉民看得清楚：克定、克安要

卖公馆无非为着几个肮脏[1]钱，何况

他们外边又都有自己的小公馆。淑华

的态度是：卖掉就卖掉，换个地方还清

静些！琴同意淑华的看法，她说卖掉也

好，大家早就该到一个更大的地方去

了，到一个比花园、比家庭更美更大的

地方去。

高公馆比以前清静多了。

克安佯[2]称有病，整天和唱小旦的

张碧秀在小公馆鬼混[3]。听他底下人

说，张碧秀从早到晚伺候他吃鸦片烟[4]，

人也确实[5]瘦得不成样子。

克定自从上次吵架以后，就一直

和他的"礼拜一"住在小公馆里，就连

1. 肮脏：dirty
2. 佯：to pretend
3. 鬼混：to hang around
4. 鸦片烟：opium
5. 确实：really

zìjǐ de nǚ'ér Shūzhēn de cǎn sǐ yě bù néng dǎ-
自己的女儿淑贞的惨死也不能打

dòng tā.
动[1]他。

Shěnshì gūlínglíng de yí gè rén, zài yě wú jià kě
沈氏孤零零的一个人，再也无架可

chǎo, wú rén kě mà, wú rén kě dǎ le. Tā xiàng ge yōu-
吵，无人可骂，无人可打了。她像个幽

líng, liǎnsè qīng bái, zuǐchún shang méiyǒu yìdiǎn xuèsè.
灵[2]，脸色青白，嘴唇上没有一点血色。

Tā gàosu Juéxīn, tā bìshàng yǎn jiù zhǐ kànjiàn Zhēn'ér
她告诉觉新，她闭上眼就只看见贞儿

zài kū, tā zài zhèr shízài zhù bú xiàqù le, tā xiǎng
在哭，她在这儿实在住不下去了，她想

dào tā èr gē nàr qù zhù xiē shíhou. Shěnshì yíngdéle
到她二哥那儿去住些时候。沈氏赢得了

jǐ ge niánqīngrén de zhēnchéng de tóngqíng. Dànshì chúle
几个年轻人的真诚的同情。但是除了

wú yòng de quànwèi, shéi yě bāng bu liǎo tā.
无用的劝慰[3]，谁也帮不了她。

Bùjiǔ, Kèmíng bìngdǎo le. Juéxīn lái kànwàng. Kè-
不久，克明病倒了。觉新来看望。克

míng zuò zài shāfā shang, liǎnsè huáng de nánkàn, bù shí
明坐在沙发上，脸色黄得难看，不时

de késou hé chuǎnqì. Juéxīn wènguò bìng hòu, biàn zuò xià-
地咳嗽和喘气。觉新问过病后，便坐下

lái. Kèmíng shǒuxiān duì mài gōngguǎn de shì biǎoshìle jí
来。克明首先对卖公馆的事表示了极

dà de qìfèn, yǐhòu yòu duì Kè'ān, Kèdìng de huāngtáng
大的气愤，以后又对克安、克定的荒唐

1. 打动: to move
2. 幽灵: ghost
3. 劝慰: to soothe

161

xíngwéi liánlián yáotóu, tànqì. Hòulái, tā yòu wènqǐle

行为连连摇头、叹气。后来，他又问起了

Shūhuá shàngxué de shì. Tā shuō: "Gūniang jia jìn xuétáng

淑华上学的事。他说："姑娘家进学堂

dúshū zǒng bú dà hǎo, qíshí nǚzǐ yě yòng bu zháo duō dú-

读书总不大好，其实女子也用不着多读

shū, dǒng diǎn lǐjié jiù chéng le."

书，懂点礼节就成了。"

Juéxīn xiān shì jiěshì, dāng sān bà shuōdào sì bà yào

觉新先是解释，当三爸说到四爸要

tā "mìnglìng sān gūniang xiūxué¹" shí, Juéxīn bù dé bù

他"命令三姑娘休学¹"时，觉新不得不

fǎnkàng shuō "zhè shì mā dāyingle de". Zhè jù huà cì-

反抗说"这是妈答应了的"。这句话刺

tòngle Kèmíng. Tā xiǎng: Kè'ān, Kèdìng húzuòfēiwèi;

痛了克明。他想：克安、克定胡作非为²；

Shūyīng sī táo shànghǎi; Shūzhēn tiàojǐng zìshā... Nǎ-

淑英私逃³上海；淑贞跳井自杀……哪

ge yě méi guǎnzhù, sān gūniang shàng xuétáng wèi shénme yídìng

个也没管住，三姑娘上学堂为什么一定

yào guǎn ne? Tā tuǒxié le, píjuàn de duì Juéxīn shuō:

要管呢？他妥协了，疲倦地对觉新说：

"Jìrán nǐ mā dāying, jiù bù tí le."

"既然你妈答应，就不提了。"

Hái yǒu yí jiàn shì ràng Kèmíng fàngxīn bú xià. Nà shì

还有一件事让克明放心不下。那是

Kè'ān gàosu tā de, shuō "Juémín zài wàibian gēn yìxiē

克安告诉他的，说"觉民在外边跟一些

péngyou bàn bàozhǐ, xiě wénzhāng, fābiǎo guòjī yánlùn,

朋友办报纸，写文章，发表过激言论，

1. 休学: to suspend one's schooling

2. 胡作非为: to do mischief

3. 私逃: to escape secretly

dézuîle   xǔduō rén."   Kèmíng rènwéi Juémín   "wéi rén dào
得罪了许多人"。 克明认为觉民"为人倒

zhèngpài",   dàn "guò yú shàonián qìshèng",   zhào zhèyàng
正派",但"过于少年气盛¹",照这样

xiàqù,   nánmiǎn   bù chū shì. Tā yào Juéxīn hǎohāo quànquàn
下去,难免²不出事。他要觉新好好劝劝

Juémín cáishì.
觉民才是。

Juéxīn   yìbiān   shuōzhe,   yìbiān   wéiwéi   yìngzhe.   Tā
觉新一边说着,一边唯唯应着。他

shì tóngyì Kèmíng de yìjiàn de,   dàn tā hěn pà gēn Juémín
是同意克明的意见的,但他很怕跟觉民

biànlùn,   yīnwèi tā cónglái jiù biàn bú guò Juémín.
辩论,因为他从来就辩不过觉民。

Juéxīn zài Kèmíng wū li yòu zuòle   yíhuìr,   biàn
觉新在克明屋里又坐了一会儿,便

gàocí chūlái. Cóng Shūhuá chuāng xià jīngguò de shíhou, tīng-
告辞出来。从淑华窗下经过的时候,听

jiàn Shūhuá de lánglàng   dúshū shēng, tā juéde zhè dúshū
见淑华的琅琅³读书声,他觉得这读书

shēng li   chōngmǎnle guāngmíng hé xīwàng. Tā de xīn yí-
声里充满了光明和希望。他的心一

xiàzi qīngsōngle xǔduō.
下子轻松了许多。

Juéxīn cái   kuàjìn   Zhōushì de wūzi,   Zhōushì biàn jīng-
觉新才跨⁴进周氏的屋子,周氏便惊

huáng de duì Juéxīn shuō: "Kuài,   wàipó gāng chā rén lái bàoxìn,
惶地对觉新说:"快,外婆刚差人来报信,

shuō Méi biǎodì kào bu zhù le.   Nǐ kuài tóng wǒ qù yí tàng!"
说枚表弟靠不住了。你快同我去一趟!"

1. 气盛: arrogant
2. 难免: hard to avoid
3. 琅琅: loud and clear
4. 跨: to step in

163

Tips

❶ 放风: To leak or spread certain information which is not known to the public.

❷ 老人家: A vocative of respect for elders.

Questions

1. 说说在卖公馆的问题上,高家不同人物的不同态度。

2. 淑贞死后,她的母亲沈氏有什么变化?

3. 克明赞成淑华进学堂读书吗? 他为什么先是干预后来又默许了这件事?

二十五、祸不单行

Méi shàoye sǐ le.　Zhōu jiā yípiàn kūshēng.　Zhōu lǎo-
枚少爷死了。周家一片哭声。周老

tàitai zài kū,　Chénshì zài kū,　lián Zhōu Bótāo yě zài
太太在哭，陈氏在哭，连周伯涛也在

kū.　Dāngrán, kū de zuì cǎn de háishi sǐzhě de qīzi
哭。当然，哭得最惨的还是死者的妻子

sūnshàonǎi.　Tā guìzài chuáng qián, zhuāzhù Méi de yì zhī
孙少奶。她跪在床前，抓住枚的一只

lěngle de shǒu, kū de tòu bú guò qì lái.　Juéxīn hánzhe
冷了的手，哭得透不过气来。觉新含着

lèi kànzhe yíqiè.　Chúle Sūnshàonǎi, wūli de rén
泪看着一切。除了孙少奶，屋里的人

zhōngyú píngjìng xiàlái.　Zhōu Bótāo huí zìjǐ de
终于平静下来。周伯涛回自己的

shūfáng qù le.　Chénshì, Zhōu lǎotàitai hé Zhōushì
书房去了。陈氏、周老太太和周氏

zài shāngliang bànlǐ hòu shì,　Juéxīn pǎo chūqù mǎi
在商量办理后事❶，觉新跑出去买

guāncai.　Mǎihǎo guāncai, Juéxīn yòu huídào Zhōu jiā.
棺材。买好棺材，觉新又回到周家。

Tā gāng kuàchū jiàozi,　jiù tīng yǒu rén zài xiàng tā
他刚跨出轿子，就听有人在向他

bàogào shuō:　"Dà shàoye,　shāngyèchǎng shīhuǒ le,
报告说："大少爷，商业场失火[1]了，

1. 失火: to be on fire

165

shāo de hěn xiōng."
烧得很凶。"

Zhè zhēn shì yí gè qíngtiān pīlì! Juéxīn de xīn luàn
这真是一个晴天霹雳！觉新的心乱

le. Tā tòngkǔ de wàngzhe tiānkōng. Hóngguāng gàile bàn
了。他痛苦地望着天空。红光盖了半

ge tiān. Tā xiǎng: Wán le! Tā huānghuāng-zhāngzhāng fēnfù
个天。他想：完了！他慌慌张张吩咐

jiàofū ❷ děng tā, yòu huānghuāng-zhāngzhāng de jìnqù xiàng
轿夫❷等他，又慌慌张张地进去向

Zhōu lǎotàitai děng rén gàocí, bú dào yì fēnzhōng, tā yòu
周老太太等人告辞，不到一分钟，他又

cōngcōng zuòshàng jiàozi, zhí bèn shāngyèchǎng qù.
匆匆坐上轿子，直奔¹商业场去。

Huǒ tài dà le, shāngyèchǎng gēnběn jìn bu qù. Zài
火太大了，商业场根本进不去。在

kàn rènao de rénqún li, Juéxīn pèngjiànle Juémín. Jué-
看热闹的人群里，觉新碰见了觉民。觉

mín jiāojí de shuō: "Wǒ shì lái kàn wǒmen bàoshè de,
民焦急²地说："我是来看我们报社³的，

wǒ yǐjīng láile yí gè duō zhōngtóu le, zěnme yě jìn bu
我已经来了一个多钟头了，怎么也进不

qù. Nǐ shìwùsuǒ li hái yǒu shénme zhòngyào dōngxi?
去。你事务所里还有什么重要东西？

Zhàngbù méi dài chūlái ma?"
账簿⁴没带出来吗？"

Juéxīn zhòuzhe méitóu huídá shuō: "Dào méiyǒu shén-
觉新皱着眉头回答说："倒没有什

me, wǒ de dōngxi zǒngshì suíshēn dài de. Búguò sì bà
么，我的东西总是随身⁵带的。不过四爸

1. 奔：to rush to
2. 焦急：worried
3. 报社：newspaper office
4. 账簿：account book
5. 随身：to carry with oneself

秋
Autumn

de yìqiān kuài qián gǔpiào, háiyǒu sì shěn, Chén yítài tā-
的一千块钱股票，还有四婶、陈姨太她

men de cúnkuǎn dōu suǒ zài lǐtou ..."
们的存款都锁¹在里头……"

"Shéi ràng nǐ zǒng ài guǎn tāmen de xiánshì!" Juémín
"谁让你总爱管他们的闲事！"觉民

bàoyuàn shuō, kànzhe Juéxīn yí fù chóuméi-kǔliǎn de yàng-
抱怨说，看着觉新一副愁眉苦脸的样

zi, biàn yòu ānwèi shuō, "Pà shénme?" Zhè yòu bú guài
子，便又安慰²说，"怕什么？这又不怪

nǐ, nándào hái néng ràng nǐ péi bù chéng?" Juémín gāng shuō-
你，难道还能让你赔不成？"觉民刚说

wán huà, biàn kànjiànle bàoshè de Zhāng Huìrú, tā liánmáng
完话，便看见了报社的张惠如，他连忙

gāoxing de pǎo guòqù. Zhāng Huìrú gàosu tā bàoshè de
高兴地跑过去。张惠如告诉他报社的

dōngxi dōu qiǎng chūlái le, qǐhuǒ de shíhou, yǒurén zài
东西都抢出来了，起火³的时候，有人在

bàoshè. Tīngdào zhège xiāoxi, Juémín fàngxīn le. Tā huí
报社。听到这个消息，觉民放心了。他回

zhuǎn shēn, kàn Juéxīn hái zhàn zài nàr, biàn duì Juéxīn
转身，看觉新还站在那儿，便对觉新

shuō: "Dà gē, wǒ kàn nǐ jīngshen bú tài hǎo, huí jiā qù
说："大哥，我看你精神不太好，回家去

ba, fǎnzhèng jìn bu qù de." Jiēzhe yòu bǔchōng shuō:
吧，反正进不去的。"接着又补充⁴说：

"Wǒ xiān zǒu le. Wǒ děng yíhuìr jiù huí jiā." Shuōwán
"我先走了。我等一会儿就回家。"说完

lāzhe Zhāng Huìrú zǒu le.
拉着张惠如走了。

1. 锁: to lock
2. 安慰: relief
3. 起火: to catch fire
4. 补充: to add

Juéxīn dāidāi de wàngzhe Juémín de bèiyǐng, zhídào
觉新呆呆地望着觉民的背影，直到

nà bèiyǐng xiāoshī zài rénqún li.
那背影消失 ¹ 在人群 ² 里。

Juéxīn huí dào jiā zhōng, Shūhuá hé Cuìhuán zhèng zài
觉新回到家中，淑华和翠环正在

tā wūli děng tā. Juéxīn hái méi láidejí cā yì bǎ
他屋里等他。觉新还没来得及擦一把

liǎn, sì shěn hé Chén yítài jiù jìnlái le. Tāmen yí jìn
脸，四婶和陈姨太就进来了。她们一进

mén jiù shēnshǒu yào qián, yìng shuō zǎo jiù shuō hǎo ràng Juéxīn
门就伸手要钱，硬说早就说好让觉新

bǎ qián qǔ chūlái de. Juéxīn zhǐhǎo dāying péi qián
把钱取出来的。觉新只好答应赔钱

liǎo shì.
了事。

"Dōu lái bī ba, bī sǐ wǒ, nǐmen jiù gānxīn
"都来逼吧，逼死我，你们就甘心

le." Sì shěn hé Chén yítài zǒu hòu, Juéxīn qìnǎo
了。"四婶和陈姨太走后，觉新气恼

de shuō.
地说。

"Dà shàoye, nǐ zěnme shuōchū zhè zhǒng huà lái."
"大少爷，你怎么说出这种话来。"

Cuìhuán de yǎn li chōngmǎnle lèishuǐ.
翠环的眼里充满了泪水。

Zhè liǎng gè lǎo yāojing, wǒ hènbude dǎ tāmen
"这两个老妖精 ³，我恨不得打她们

jǐ ge zuǐba!" Shūhuá yǎoyá-qièchǐ de shuō, jiēzhe
几个嘴巴❸！"淑华咬牙切齿 ⁴ 地说，接着

1. 消失：disappear
2. 人群：crowd
3. 妖精：devil
4. 咬牙切齿：to gnash one's teeth

tā yòu bàoyuàn juéxīn shuō:　　"Dà gē,　　nǐ yě tài hǎo le,
她又抱怨觉新说："大哥，你也太好了，

wèi shénme gāi nǐ péi chūlái?　Míngmíng shì tāmen kàn shāng-
为什么该你赔出来？明明是她们看商

yèchǎng shāo le,　lái　zhèr　shuǎlài,　nǐ hái yào shàng tā-
业场烧了，来这儿耍赖，你还要上她

men de dàng! "
们的当！"

　　"Sān mèi,　wǒ yǒu shénme　bànfǎ? Zhè bǐ　　kuǎnzi
　　"三妹，我有什么办法？这笔¹款子²

shì wǒ jīngshǒu　de."　　Juéxīn tòngkǔ de shuō.
是我经手³的。"觉新痛苦地说。

　　"Wǒ jiùshì　bù tóngyì　nǐ de　bànfǎ.　Jǐ nián lái,
　　"我就是不同意你的办法。几年来，

nǐ lǎo shì ràngbù,　　ràngbù,　ràngbù shǐ nǐ dédàole shén-
你老是让步、让步，让步使你得到了什

me?　Èr gē,　sān gē shuō de　yìdiǎn yě búcuò,　nǐ de zuò-
么？二哥、三哥说得一点也不错，你的作

yī　zhǔyì zhǐ hàile nǐ zìjǐ,　　hàile nǐ xǐhuan de
揖⁴主义只害了你自己，害了你喜欢的

rén! "　Shūhuá　qìfèn de　fǎnbó shuō.
人！"淑华气愤地反驳说。

　　Sāngēng luó xiǎng le,　Juéxīn tài lèi le,　tā bù xiǎng wèi
　　三更锣响了，觉新太累了，他不想为

zìjǐ　zuò rènhé biànhù.
自己作任何辩护。

1. 笔：a sum (of money)
2. 款子：money
3. 经手：to handle
4. 作揖：to make a bow with hands folded in front

Tips

❶ 后事：Funeral affairs.

❷ 轿夫：夫 is used for a manual labourer. 轿夫 means a sedan chair carrier.

❸ 打……嘴巴：To slap sb. on the face.

Questions

1. 枚少爷死了,周围的人是看着他一步步走上死路的,对他的死,到底谁该负责任呢？

2. 商业场失火,觉新兄弟都急急忙忙地跑了去。觉新担心的是什么？觉民担心的是什么？

二十六、这样不行 秋

Dì-èr tiān shàngwǔ, Juéxīn dào shāngyèchǎng qù.
第二天上午，觉新到商业场去。

Chúle kàn rènao de rén, yǐjīng zhǎo bu dào yìdiǎn shìwù-
除了看热闹的人，已经找不到一点事务

suǒ de hénjì.
所的痕迹¹。

Juéxīn líkāi shāngyèjiē, yòu dào yì jiā yínhào ❶
觉新离开商业街，又到一家银号 ❶

qù jièkuǎn, yǐbiàn huán sì shěn, Chén yítài de qián. Bàn-
去借款²，以便还四婶、陈姨太的钱。办

wán shì, tā cōngcōng láidào Zhōu jiā. Língjiù tíng zài kètīng
完事，他匆匆来到周家。灵柩停在客厅

li, chuānzhe xiàofú de Méi shàonǎi guì zài líng qián tòngkū,
里，穿着孝服的枚少奶跪在灵前痛哭，

Chénshì liǎng yǎn hóngzhǒng, zhèngzài gēn Zhōushì, Zhōu Bótāo
陈氏两眼红肿，正在跟周氏、周伯涛

liǎng rén shāngliang chéngfú de shì. Zhōu Bótāo kànjiàn Juéxīn
两人商量成服的事。周伯涛看见觉新

lái, yì bǎ lāzhù tā qiú tā bāngmáng. Juéxīn běnlái yǐ
来，一把拉住他求他帮忙。觉新本来已

pífá dàole jídiǎn, dànshì réngrán yì kǒu dāying xià-
疲乏到了极点，但是仍然一口答应下

lái. Tā lìkè zuòshàng jiàozi chūqù zū dìfang, shè líng-
来。他立刻坐上轿子出去租地方，设灵

1. 痕迹：trace

2. 借款：to borrow
money; loan

173

táng. Bàn hǎo jiāoshè huídào Zhōu jiā, tā yòu mǎshàng bǎ
堂 1。办好交涉回到周家，他又马上把

jiéguǒ xiàng Zhōu lǎotàitai zuòle bàogào. Zhōu Bótāo hái
结果向周老太太作了报告。周伯涛还

yào liú tā zuò bié de shìqing, zhàn zài pángbiān de Juémín
要留他做别的事情，站在旁边的觉民

hūrán duì tā shuō: "Dà gē, nǐ liǎnsè zěnme zhème nán-
忽然对他说："大哥，你脸色怎么这么难

kàn?" Tā yǒuqì wúlì de huídá: "Wǒ yǒudiǎn tóu-
看？"他有气无力地回答："我有点头

hūn, wǒ kǒngpà yào bìngdǎo le." Zhèyàng yì lái, Zhōu
昏 2，我恐怕要病倒了。"这样一来，周

Bótāo bù hǎoyìsi zài máfan Juéxīn le. Zhōu lǎotài-
伯涛不好意思再麻烦觉新了。周老太

tai, Chénshì dōu quàn tā lìkè huí jiā xiūxi. Zhōushì hái
太、陈氏都劝他立刻回家休息。周氏还

zhǔfù Juémín sòng tā huíqù.
嘱咐觉民送他回去。

Xiōngdì liǎ zǒujìn Gāo jiā, dàtīng shang méiyǒu yì-
兄弟俩走进高家，大厅上没有一

diǎn shēngyīn. Tāmen fǎngfú zǒujìnle yí zuò gǔmiào.
点声音。他们仿佛走进了一座古庙。

"Nǐ shēntǐ zhèyàng bù hǎo, hái yào guǎn xiánshì!"
"你身体这样不好，还要管闲事！"

Juémín guānxīn de mányuàn shuō.
觉民关心地埋怨说。

"Rújīn shénme dōu biàn le!" Juéxīn dáfēisuǒwèn
"如今什么都变了！"觉新答非所问 3

de huídá shuō, "Wǒ bù xiǎode zhège gōngguǎn hái kěyǐ
地回答说，"我不晓得这个公馆还可以

1. 灵堂: mourning hall

2. 头昏: dizzy

3. 答非所问: irrelevant answer

174

zhù duōjiǔ, wǒ kàn Gāo jiā shì wánle, wǒ tiāntiān dōu kàn-
住多久，我看高家是完了，我天天都看

jiàn bùxiáng-zhī-zhào." Juéxīn xiàng zài zuòmèng shìde tòngkǔ
见不祥之兆 1。"觉新像在做梦似的痛苦

de shuō.
地说。

"Zuòchīshānkōng, zěnme bù dǎo?" Juémín dǔqì
"坐吃山空 2，怎么不倒？"觉民赌气

de dádào.
地答道。

Jìnle Juéxīn de fángjiān, Juéxīn yíxiàzi zuòdǎo
进了觉新的房间，觉新一下子坐倒

zài huódòngyǐ shang, xūle yì kǒu qì shuō: "Jīntiān kuī-
在活动椅上，嘘了一口气说："今天亏

de nǐ jiùle wǒ. Wǒ zhēn zhīchí bú zhù le."
得 3 你救了我。我真支持不住了。"

Juémín kànzhe bìmùyǎngshén de dà gē, tā fā-
觉民看着闭目养神 4 的大哥，他发

xiàn dà gē gèng qiáocuì le: É shang, liǎnjiá, yǎnpí
现大哥更憔悴 5 了：额上、脸颊 6、眼皮

xià dōu xiànchūle zhòuwén, tā xiǎng: "Shì shénme dōngxi
下都现出了皱纹，他想："是什么东西

shǐ tā shuāilǎo chéng zhège yàngzi?" Tā hūrán zài Jué-
使他衰老成这个样子？"他忽然在觉

xīn de liǎn shang kànjiànle Méi shàoye de miànróng. Tā bēi-
新的脸上看见了枚少爷的面容。他悲

fèn de hǎnle yì shēng: "Dà gē!" Tā tòngkǔ de kěnqiú
愤地喊了一声："大哥！"他痛苦地恳求

dào: "Nǐ zhèyàng xiàqù shì bù xíng de, nǐ zhè zhǒng shēng-
道："你这样下去是不行的，你这种生

1. 不祥之兆：ill omen

2. 坐吃山空：sitting idle, one can consume even a mountain of wealth

3. 亏得：thanks to

4. 闭目养神：to close the eyes and give the mind a brief rest

5. 憔悴：thin and pallid

6. 脸颊：cheeks

huó jiǎnzhí shì mànxìng zìshā!"
活简直是慢性自杀！"

"Wǒ zhèxiē nián dōu shì zhèyàng guòlái de." Juéxīn
"我这些年都是这样过来的。"觉新

lǎnlǎn de shuō.
懒懒地说。

"Dà gē, nǐ zhèyàng shēnghuó xiàqù, wúfēi báibái
"大哥，你这样生活下去，无非白白

xīshēngle nǐ zìjǐ." Juémín kǔkǔ quàndào.
牺牲了你自己。"觉民苦苦劝道。

"Wǒ zìjǐ bìng bú yàojǐn, zhǐyào duì biérén yǒu hǎo-
"我自己并不要紧，只要对别人有好

chù." Juéxīn yīrán hěn píngjìng.
处。"觉新依然很平静。

"Nǐ xiǎngxiǎng kàn, nǐ duì biérén yǒuguò shénme hǎo-
"你想想看，你对别人有过什么好

chù? Wǒ jǔchū jǐ ge rén lái: Dà sǎo, Méi biǎojiě,
处？我举出几个人来：大嫂、梅表姐、

Huì biǎojiě, sì mèi, Méi biǎodì ..." Juémín jīfèn
蕙表姐、四妹、枚表弟……"觉民激愤

de shuō.
地说。

"Nǐ búyào zài shuō le." Juéxīn tūrán qiúráo shì-
"你不要再说了。"觉新突然求饶¹似

de huīshǒu dào.
的挥手²道。

Kànzhe Juéxīn tòngkǔ de yàngzi, Juémín yǒu diǎn hòu-
看着觉新痛苦的样子，觉民有点后

huǐ. Juémín ānwèi shìde dī shēng shuō: "Dà gē, nǐ hái-
悔。觉民安慰似的低声说："大哥，你还

1. 求饶: to beg for mercy
2. 挥手: to wave the hand

176

shì dào chuáng shang qù shuì　yíhuìr　ba.　Wǒ bú zài dǎjiǎo
是 到 床 上 去睡一会儿吧。我不再打搅 [1]

nǐ le."
你 了。"

Juéxīn gāng dǎsuàn huí wū qù shuì　yíhuìr,　sì lǎo-
觉 新 刚 打算 回屋去睡一会儿，四老

yé de púrén jìnlái le, shuō shì sì lǎoyé ràng tā lái qǔ
爷 的 仆人 进来了，说是四老爷让他来取

yìqiān kuài qián de gǔpiào.　Juéxīn bùděng Juémín zhāng kǒu,
一千块钱的股票。觉新不等觉民张口，

biàn liánmáng shuō:　"Nǐ　huíqù　shuō wǒ gěi sì　lǎoye qǐng-
便 连 忙 说："你 回去 说 我 给 四 老爷 请

ān,　gǔpiào wǒ míngtiān　qīnzì gěi sì　lǎoye sòng guòqù."
安，股票我明天亲自给四老爷送过去。"

Púrén dédàole mǎnyì de dáfù, hěn yǒu lǐmào de tuì-
仆人 得到了满意的答复，很有礼貌 [2] 地退

le chūqù.　Juémín qì de méiyǒu bànfǎ, rěn bu zhù dà
了出去。觉民气得没有办法，忍不住大

shēng bàoyuàn dào:　"Nǐ búyào zuò làn hǎo rén! Gǔ-
声 抱怨道："你不要做滥 [3] 好人！股

piào míngmíng shāodiào le, nǐ ná shénme gěi tā?"
票明明烧掉了，你拿什么给他？"

"Wǒ zìjǐ hái yǒu yéye gěi wǒ de sānqiān kuài qián
"我自己还有爷爷给我的三千块钱

gǔpiào, wǒ huán tā yìqiān jiù shì le." Juéxīn píngjìng
股票，我还他一千就是了。"觉新平静

de shuō.
地说。

"Wǒ kàn nǐ jīntiān yě péi, míngtiān yě péi, bù zhī-
"我看你今天也赔，明天也赔，不知

1. 打搅: to disturb
2. 礼貌: courtesy
3. 滥: indiscriminately

dào nǐ hái yǒu duōshǎo jiādàng lái péi! "　Juémín gèngjiā qì-

道你还有多少家当来赔！"觉民更加气

fèn de shuō.

愤地说。

　　"Péiguāng le,　wǒ yě jiù wán le."　Juéxīn píjuàn

　　"赔光了，我也就完了。"觉新疲倦

de shuō.

地说。

Tip

❶ 银号：An old fashioned big private bank dealing in deposits,
loans and remittance.

Questions

1. 觉民为什么说觉新的生活是"慢性自杀"？
2. 觉新是怎样看待这种生活的？

二十七、完结了，这个家！

Méi shàoye chéngfú nà tiān, Juéxīn yì zǎo jiù qù
枚少爷成服那天，觉新一早就去
bāngmáng zhàoliào. Zhè yì tiān dōu shì zài qīliáng de jǐng-
帮忙照料。这一天都是在凄凉¹的景
xiàng hé āi'āi de kū shēng zhōng dùguò de. Kànzhe Méi
象²和哀哀的哭声中度过的。看着枚
shàonǎi nà fù tòngbúyùshēng de yàngzi, tā xiǎngqǐ
少奶那副³痛不欲生⁴的样子，他想起
Juémín zébèi tā de huà: "Nǐ hàile zìjǐ, yòu hàile
觉民责备他的话："你害了自己，又害了
biéren!" Méi shàoye zhè zhuāng hūnshì, tā shì bāngguò
别人！"枚少爷这桩婚事，他是帮过
mángde. Xiànzài tā zhīdào zìjǐ yòu cuò le.
忙的。现在他知道自己又错了。

Bàngwǎn, Juéxīn huídào Gāo jiā. Cái zǒujìn dàtīng,
傍晚，觉新回到高家。才走进大厅，
biàn tīng púrén shuō Kèmíng de bìng yòu fàn le. Yuánlái jiù
便听仆人说克明的病又犯⁵了。原来就
zài liǎng-sān gè zhōngtóu yǐqián, Kè'ān, Kèdìng láiguò,
在两三个钟头以前，克安、克定来过，
sān gè rén zhēngchǎo de hěn lìhài. Kè'ān, Kèdìng yì
三个人争吵⁶得很厉害。克安、克定一
zǒu, tā biàn tù qǐlái, tù de jìn shì hēi xiě, rén yě yūn
走，他便吐起来，吐的尽是黑血，人也晕

1. 凄凉：dreary
2. 景象：scene
3. 副：a measure word
4. 痛不欲生：so grieve that one would die
5. 犯：to recur
6. 争吵：to quarrel

179

le guòqù. Yīshēng shuō bìng běnlái yǐjīng kuài hǎo le, bù
了过去。医生说病本来已经快好了，不

zhī wèi shénme yòu tūrán yíxiàzi xiōng qǐlái.
知为什么又突然一下子凶起来。

Kèmíng xǐng guòlái yǐhòu, bǎ Juéxīn jiàodàole zì-
克明醒过来以后，把觉新叫到了自

jǐ de chuáng qián. Bù zhī wèi shénme, Juéxīn lìkè huí-
己的床前。不知为什么，觉新立刻回

xiǎng qǐ diē hé yéye lín sǐ qián de qíngjǐng, tā de xīn dōu
想起爹和爷爷临死前的情景，他的心都

lěng le.
冷了。

"Juéxīn, wǒ zhè bìng duō bàn bú huì hǎo le. Wǒ yì
"觉新，我这病多半不会好了。我一

sǐ, wǒmen zhège jiā jiù wán le. Nǐ sì bà, wǔ bà xiān-
死，我们这个家就完了。你四爸、五爸先

qián hái lái gēn wǒ chǎoguò, yào mài gōngguǎn. Wǒ méiyǒu dā-
前还来跟我吵过，要卖公馆。我没有答

yìng. Búguò wǒ yì sǐ, nà jiù zhǐhǎo yóu tāmen le. Nǐ
应。不过我一死，那就只好由他们了。你

sān shěn shì ge zhōnghòu rén, tā kuài yào shēngchǎn le, wǒ
三婶是个忠厚[1]人，她快要生产了，我

dānxīn tāmen yòu huì tí chū shénme, 'xuè guāng zhī zāi'
担心他们又会提出什么，'血光之灾'

de lǎohuà, bǎ tā piàn dào chéng wài qù shēngchǎn. Zhè shì
的老话，把她骗到城外去生产。这是

wǒ zuì bú fàngxīn de. Nǐ shì ge shíxīn de hǎorén, xiàn-
我最不放心的。你是个实心[2]的好人，现

zài wǒ bǎ tā liántóng háizi yìqǐ tuō gěi nǐ, nǐ yào bǎ
在我把她连同孩子一起托给你，你要把

1. 忠厚: honest and tolerant

2. 实心: sincere

sān shěn dàngzuò zìjǐ mǔqin yíyàng kàndài, wǒ sǐ zài
三婶当做自己母亲一样看待¹，我死在

jiǔquán yě huì gǎnjī nǐ de ..." Kèmíng chīlì de shuō-
九泉也会感激你的……"克明吃力地说

zhe, Zhāngshì fàng shēng dà kū qǐlái.
着，张氏放声大哭起来。

"Wǒ yídìng zhào sān bà de yìsi bàn," Juéxīn qì-
"我一定照三爸的意思办，"觉新泣

bùchéngshēng de shuō, "Sān bà hǎohāo yǎngbìng, wǒmen
不成声地说，"三爸好好养病²，我们

jiā shǎo bú diào nǐ, nǐ bù néng jiù pāokāi wǒmen ..."
家少不掉你，你不能就抛开³我们……"

Kèmíng kàn Juéxīn dāying xiàlái, mǎnyì de diǎndiǎn
克明看觉新答应下来，满意地点点

tóu. Tā chuǎnxīle yízhèn yǐhòu, yòu bǎ Cuìhuán jiào
头。他喘息了一阵以后，又把翠环叫

lái, jiào Cuìhuán gěi dà shàoye kētóu. Cuìhuán xīnli shì
来，叫翠环给大少爷磕头。翠环心里是

míngbai de, yīnwèi sān tàitai zǎo yǐ gēn tā jiǎngguò. Jué-
明白的，因为三太太早已跟她讲过。觉

xīn què cóngwèi xiǎngguò. Dāng Kèmíng shuōdào "Tā wànyī⁴
新却从未想过。当克明说到"她万一⁴

yǐhòu gěi nǐ shēng ge yì nán bàn nǚ, yě kěyǐ jìchéng⁵
以后给你生个一男半女，也可以继承⁵

nǐ diē de xiāngyān, Gāo jiā yì jiā de xīwàng dōu zhǐ zài
你爹的香烟❶，高家一家的希望都只在

nǐ yí gè rén shēnshang le" de shíhou, Kèmíng de yǎn
你一个人身上了"的时候，克明的眼

li tǎngchūle lèishuǐ, Cuìhuán yě zhǐ bu zhù de hé Jué-
里淌出了泪水，翠环也止不住地和觉

1. **看待**：to treat
2. **养病**：to recuperate
3. **抛开**：to cast away
4. **万一**：in case
5. **承继**：to carry on

181

xīn yìqǐ kū qǐlái. Juéxīn jiù zhèyàng shēnbùyóujǐ
新一起哭起来。觉新就这样身不由己 [1]

de yóu Kèmíng ānpáile yíqiè.
地由克明安排了一切。

Juéxīn děng Kèmíng shuìzháo yǐhòu, cái huídào zìjǐ
觉新等克明睡着以后，才回到自己

fáng li qù. Shěnshì zài fáng li děng tā. Shěnshì shuō tā yào
房里去。沈氏在房里等他。沈氏说她要

zǒu le, wǔ bà gāngcái gēn tā shuō zhǐ děng sān bà yì sǐ,
走了，五爸刚才跟她说只等三爸一死，

jiù màidiào gōngguǎn, jiē "Lǐbàiyī" yìqǐ zhù. Tā shuō
就卖掉公馆，接"礼拜一"一起住。她说

tā zhēn hàipà zhù dào nà yì tiān, suǒyǐ yào zǎo diǎn zǒu.
她真害怕住到那一天，所以要早点走。

Tā hái shuō zhēn'ér yǐjīng sǐle yí gè duō yuè le, zhēn'ér
她还说贞儿已经死了一个多月了，贞儿

de yǐngzi lǎo zài tā yǎnqián huàng. Juéxīn mòmò de zuò-
的影子老在她眼前晃 [2]。觉新默默地坐

zhe, tīngzhe. Tā de zhèxiē huà, tā yǐjīng tīngguò hěn
着、听着。她的这些话，他已经听过很

duō biàn le. Tā bù zhīdào wǔ shěn shì shénme shíhou líkāi
多遍了。他不知道五婶是什么时候离开

de. Fáng li de guàzhōng dīdā dīdā de xiǎngzhe,
的。房里的挂钟 [3] 滴答滴答 [4] 地响着，

shēngyīn yuè lái yuè dà. Tūrán, yízhèn jícù de jiǎobù
声音越来越大。突然，一阵急促的脚步

shēng dǎpòle zhè pà rén de jìjìng, Cuìhuán shàng qì bù
声打破了这怕人的寂静，翠环上气不

jiē xià qì de pǎo jìnlái, tā jīnghuáng de, chànlì de
接下气地跑进来，她惊惶地、颤栗 [5] 地

1. 身不由已：involun-
tarily

2. 晃：to swing

3. 挂钟：wall clock

4. 滴答：ticktock

5. 颤栗：to shiver

kūzhe shuō:

哭着说：

"Dà shàoye, qǐng nǐ jiù qù, wǒmen lǎoye yòu bù

"大少爷，请你就去，我们老爷又不

hǎo le! "

好了！"

"Wánjié le, wǒmen zhège jiā! " Juéxīn zìyǔ-

"完结了，我们这个家！"觉新自语

zhe, mùrán de gēn Cuìhuán yìqǐ zǒuchū wūzi.

1. 木然: stupefied

着，木然 [1] 地跟翠环一起走出屋子。

Tip

❶ 香烟 or 香火 means "incense smoke", referring to the sacrifice to ancestors, offered by the later generations. 承继香烟 means "to continue the family line."

Questions

1. 克明的病本来已经快好了，为什么一下子又突然厉害起来？
2. 克明临死前跟觉新说了些什么话？他最不放心的是什么事？
3. 五太太沈氏为什么下决心离开高家？

二十八、觉 悟

Sān lǎoye zhōngyú sǐ le.
三老爷终于死了。

Gāo jiā de dàmén li, chuán chūlái yí zhènzhèn hé-
高家的大门里，传出来一阵阵和

shàng niànjīng de shēngyīn hé dāndiào de mùyú shēng.
尚 [1] 念经 [2] 的声音和单调 [3] 的木鱼 [4] 声。

Tángwū li tíngfàngzhe Kèmíng de língjiù. Kèdìng hé Xǐ'ér
堂屋里停放着克明的灵柩。克定和喜儿

zhèng zài tāmen de wū qián dòunòng tāmen bù mǎn zhōu-
正在他们的屋前逗弄 [5] 他们不满周

suì de érzi. Zhè zuò dà gōngguǎn bìng méiyǒu duōshǎo bēi-
岁 [6] 的儿子。这座大公馆并没有多少悲

āi de qìfēn.
哀的气氛。

Wǔ shěn Shěnshì jìmò de zǒu le. Sòngxíng de zhǐ-
五婶沈氏寂寞地走了。送行的只

yǒu Juéxīn xiōngdì hé Qín. Kèdìng kànjiàn Juéxīnmen huí-
有觉新兄弟和琴。克定看见觉新们回

lái, lěngxiàole liǎng shēng, duì Juéxīn shuō: "Nǐ yì tiān
来，冷笑了两声，对觉新说："你一天

yě tài kòng le, dàochù zhǎo shì guǎn. Wǒ de lǎopo chūmén
也太空了，到处找事管。我的老婆出门

wǒ bú sòng nǐ sòng. Tīng wǔ shěn shuō, nǐ bú zànchéng mài
我不送你送。听五婶说，你不赞成卖

1. 和尚: monk
2. 念经: to chant scriptures
3. 单调: monotonous
4. 木鱼: wooden fish (used by Buddhist monks to beat rhythm when chanting scriptures)
5. 逗弄: to tease; to play with
6. 周岁: (one) year of age

184

秋
Autumn

gōngguǎn?" Zhè jù yìwài de wènhuà bǎ Juéxīn nòng de lèng-
公馆？"这句意外的问话把觉新弄得愣 [1]

zhù le, bànshǎng cái shuōle yí jù: "Wǔ bà zhè shì cóng
住了，半晌才说了一句："五爸这是从

nǎr shuōqǐ?"
哪儿说起？"

"Wǒ xiǎng nǐ yě bù gǎn fǎnduì," kèdìng àomàn de
"我想你也不敢反对，"克定傲慢地

shuō, "Xiànzài sì bà shì jiāzhǎng le, tā kěyǐ zuòzhǔ,
说，"现在四爸是家长了，他可以做主，

wǒmen dōu quēshǎo qián ..."
我们都缺少钱……"

"Jiā dōu yào màidiào le, hái yǒu shénme jiāzhǎng?"
"家都要卖掉了，还有什么家长？"

Juémín rěn bu zhù fěngcì shuō.
觉民忍不住讽刺 [2] 说。

"Lǎo èr, nǐ shuō shénme?" Kèdìng lìshēng wèn.
"老二，你说什么？"克定厉声问。

Juémín bù děng Juéxīn zhēyǎn jiù qiǎngzhe shuō:
觉民不等觉新遮掩 [3] 就抢着说：

"Wǒ shuō rúguǒ zuò jiāzhǎng de zhǐ huì mài fángzi, xiànzài
"我说如果做家长的只会卖房子，现在

yě lún bu dào lái máfan sì bà le."
也轮 [4] 不到来麻烦四爸了。"

"Hǎo, nǐ gǎn wākǔ wǒmen? Děng nǐ sì bà lái
"好，你敢挖苦 [5] 我们？等你四爸来

zài suànzhàng!" Kèdìng hóngzhe liǎn wēixié shuō.
再算账！"克定红着脸威胁说。

"Zuìhǎo bǎ Zhāng Bìxiù yě qǐnglái." Juémín yòu lěng-
"最好把张碧秀也请来。"觉民又冷

1. 愣: stupefied, blank
2. 讽刺: ironical
3. 遮掩: to cover up
4. 轮: to be one's turn
5. 挖苦: to speak ironically

187

lěng de jiāshàng yí jù.
冷地加上一句。

"Èr dì! " Juéxīn yòu jīng yòu jí yòu qì yòu pà. Tā
"二弟!"觉新又惊又急又气又怕。他

xiǎng zhìzhǐ Juémín. Dànshì yǐjīng wǎn le, Kèdìng qì-
想制止 ¹ 觉民。但是已经晚了,克定气

shìxiōngxiōng de zhǎoláile Kè'ān. Kè'ān hé Juémín méi
势汹汹 ² 地找来了克安。克安和觉民没

shuōshàng liǎng jù huà jiù mà qǐlái.
说上两句话就骂起来。

"Nǐ gǎn shuō Zhāng Bìxiù?" Shuōzhe, Kè'ān yáng
"你敢说张碧秀?"说着,克安扬 ³

shǒu jiù yào dǎ Juémín. Juémín yì bǎ tuīkāi tā de shǒu fèn-
手就要打觉民。觉民一把推开他的手愤

nù de shuō: "Nǐ gǎn dòng shǒu dǎ rén?"
怒地说:"你敢动手打人?"

"Nǐ zhège mùwúzūnzhǎng de dōngxi! ..."
"你这个目无尊长 ⁴ 的东西!……"

Kè'ān qì de màqǐ Juémín de mǔqin lái.
克安气得骂起觉民的母亲来。

"Sì bà, qǐng nǐ búyào shēngqì, èr dì niánqīng
"四爸,请你不要生气,二弟年轻

bù dǒngshì, nǐ xiān qǐng huíwū, děng wǒ jiàoxùn tā." Jué-
不懂事,你先请回屋,等我教训他。"觉

xīn lánzhù Kè'ān, liánlián dàoqiàn. Méi xiǎngdào zhèyàng yì
新拦住克安,连连道歉。没想到这样一

lái, Kè'ān gèng shénqì le, mà de yě gèng xiōng: "Bù
来,克安更神气了,骂得也更凶:"不

xíng, fēi děi ràng tā kētóu péilǐ bù kě! "
行,非得让他磕头赔礼不可!"

1. 制止: to stop sb. from doing sth.

2. 气势汹汹: fiercely.

3. 扬: to raise

4. 目无尊长: to have no respect for elders

觉新的态度激怒了觉民。他推

开觉新，骂道："大哥，你做人连点儿

人气都没有，你还好意思来管我，

你个受气包❶！"说完，他转过身，

一把抓住克安："四爸，你敢骂我妈！

再骂，再骂，你看我敢不敢打你嘴

巴！"在觉民强有力的威胁下，克安软

了下来。觉民毫不放松地质问道：

"到底是谁'目无尊长'？是谁应该

'磕头赔礼'？走！你今天非跪在我爹的

牌位面前赔礼不可，非亲自给我妈赔礼

不可！"

克安脸上红一阵白一阵，狼狈

地辩解[1]说："我并没有骂你妈，你

放开我！"

1. 辩解: to try to defend oneself

189

"Nǐ méiyǒu mà? Gāng shuōwán nǐ jiù dāngzhòng shuǎ-
"你没有骂？刚说完你就当众耍

lài, nǐmen shì zhǎngbèi, yě yīngdāng yǒu ge zhǎngbèi de
赖，你们是长辈，也应当有个长辈的

yàngzi! Nándào nǐmen chéng tiān piáo¹ jìnǚ, nào xiǎodàn,
样子！难道你们成天嫖¹妓女、闹小旦、

chī yāpiànyān yě dōu kěyǐ làidiào?" Juémín sōngkāile
吃鸦片烟也都可以赖掉？"觉民松开了

shǒu, jìxù lìshēng jiàoxùn shuō, "Nǐmen kǒukǒu-shēngshēng
手，继续厉声教训说，"你们口口声声²

jiǎng lǐjiào, mà biérén 'mùwúzūnzhǎng', piānpiān qìsǐ
讲礼教，骂别人'目无尊长'，偏偏气死

yéye de shì nǐmen, bīsǐ sān bà de shì nǐmen, xiào méi
爷爷的是你们，逼死三爸的是你们，孝没

mǎn jiù gōuyǐn³ lǎomāzi shēng érzi de yě shì nǐmen.
满就勾引³老妈子生儿子的也是你们。

Nǐmen hái yǒu liǎn zuò zūnzhǎng?"
你们还有脸做尊长？"

Juémín de huà shì zhèyàng yǒulǐ, yǒujù, yǒulì.
觉民的话是这样有理、有据、有力。

Liǎng wèi "zūnzhǎng" de wēifēng wánquán bèi dǎdiào le.
两位"尊长"的威风⁴完全被打掉了。

Kè'ān, Kèdìng zài zāodào zhè chǎng xiūrǔ zhī hòu,
克安、克定在遭到这场羞辱⁵之后，

céngjīng hé Wángshì, Chén yítài yìqǐ qù zhǎo Juéxīn suàn-
曾经和王氏、陈姨太一起去找觉新算

zhàng. Tāmen yǐ kāi "jiāzú huìyì" xiāng wēixié, qǐ-
账。他们以开"家族⁶会议"相威胁，企

tú wǎnhuí shīqù de miànzi. Tāmen wànwàn xiǎng bu dào
图⁷挽回⁸失去的面子。他们万万想不到

1. 嫖: to visit a prostitute
2. 口口声声: to keep on saying
3. 勾引: to seduce
4. 威风: arrogance
5. 羞辱: to humiliate
6. 家族: clan
7. 企图: to attempt
8. 挽回: to save; to redeem

de shì, Juéxīn de huídá jìng shì: "Nǐmen kāi ba, wǒ
的 是 , 觉 新 的 回 答 竟 是 :"你 们 开 吧 , 我

bú pà! Dǎ guānsī shàng fǎtíng wǒ yě bú pà! "
不 怕 ! 打 官 司 上 法 庭¹ 我 也 不 怕 ! "

"Shòuqìbāo" juéwù le.
"受 气 包"觉 悟 了 。

1. 法庭: law court

Tip

❶ 受气包: This refers to a person who is always bullied but never resists.

Questions

1. 觉民是怎样打掉新任家长克安的威风的?
2. 克安、克定的彻底失败和觉新的终于觉悟说明了什么?

尾声　以后的故事

Gāo jiā de gùshi jiūjìng zěnyàngle ne? Cóng Juéxīn
高家的故事究竟怎样了呢？从觉新

xiě gěi Juéhuì, Shūyīng de xìn li kěyǐ zhīdào: Gōngguǎn
写给觉慧、淑英的信里可以知道：公馆

zhōngyú mài le, dàjiātíng zhōngyú wánjié le, xīn shēnghuó
终于卖了，大家庭终于完结了，新生活

zhōngyú kāishǐ le.
终于开始了。

Xiàmian shì zhèxiē xìn de zhāilù:
下面是这些信的摘录¹：

"Wǒmen yì jiā yǐjīng bāndàole gūmǔ jiā fùjìn
"我们一家已经搬到了姑母家附近

de yí ge yuànzi li, sān shěn yě zhù zài zhè tiáo jiē shang.
的一个院子里，三婶也住在这条街上。

Sān jiā jīngcháng wǎnglái, bǐ yǐqián gèng qīnmì le."
三家经常往来，比以前更亲密了。"

"Èr dì hé Qín mèi dìnghūn le, yíshì fēicháng jiǎn-
"二弟和琴妹订婚了，仪式² 非常简

dān, zhè zài wǒmen Gāo jiā suàn shì yí jiàn pòtiānhuāng de
单，这在我们高家算是一件破天荒³ 的

dà shì. Jiéhūn hái yào guò xiē rìzi. Tāmen dǎsuàn hūn
大事。结婚还要过些日子。他们打算婚

hòu yìqǐ líkāi shěngchéng, èr dì xiǎng dào zhōngxué qù
后一起离开省城，二弟想到中学去

1. **摘录**: extract, excerpt

2. **仪式**: ceremony

3. **破天荒**: unprecedented

192

教书或者到报馆¹去做事，他要实现靠
自己挣钱²生活的诺言³。三妹读书很
努力。近来省城里剪发⁴的女子一天天
多起来。在二妹来信的影响下，她和琴
妹一起剪掉了发辫⁵。"

"妈身体很好，精神也愉快。枚表弟
妹❶生了一个女孩，她做了母亲，脾气
也好多了。外婆还好，只是老了。唯一没
有变化的还是大舅。他借口周家没有男
孩，天天吵着要把身边的丫头收房❷。
最后外婆和大舅母只好让步。妈为这事
还很生气。"

"三婶家一切都好，三婶对二妹非常
挂念⁶，她至今还时常提起三爸临死
前同意接二妹回来的话，二妹要常给

1. **报馆**: newspaper office
2. **挣钱**: to earn money
3. **诺言**: promise
4. **发**: hair
5. **发辫**: pigtail
6. **挂念**: to miss

193

sān shěn qù xìn cái hǎo.　　Sì dì,　qī dì dōu jìnle xuéxiào.
三 婶 去 信 才 好 。 四 弟 、七 弟 都 进 了 学 校 。

Xīn shēng de bā mèi yǐjīng qī gè duō yuè, zhǎng de fēicháng
新 生 的 八 妹 已 经 七 个 多 月 ，长 得 非 常

xiàng sān bà, sān shěn hěn xǐhuan tā.　　Yīnwèi yǒu sān bà de
像 三 爸 ，三 婶 很 喜 欢 她 。 因 为 有 三 爸 的

zhǔtuō, wǒ jīhū měitiān dōu yào dào sān shěn jiā qù."
嘱 托 ，我 几 乎 每 天 都 要 到 三 婶 家 去 。”

　"Wǔ bà yǐ bǎ 'Lǐbàiyī', Xǐ gūniang jiē zài
“五 爸 已 把 ‘ 礼 拜 一 ’、喜 姑 娘 接 在

yí chù.　　Wǔ shěn huí niángjia hòu shàng yuè huílái, zhùle
一 处 。 五 婶 回 娘 家 后 上 月 回 来 ，住 了

bú dào shí tiān, shòu bú guò qì, tóng wǔ bà dà chǎole yí
不 到 十 天 ，受 不 过 气 ，同 五 爸 大 吵 了 一

cì, yòu huí tā èr gē jiā qù le.　　Wǔ bà chī yāpiàn yě
次 ，又 回 她 二 哥 家 去 了 。 五 爸 吃 鸦 片 也

chéngle dà yǐn [1], yǔ sì bà bùxiāngshàngxià."
成 了 大 瘾 [1]，与 四 爸 不 相 上 下 。”

　"Sì bà yǒu liǎng gè jiā, yí gè yǎng sì shěn, yí gè
“四 爸 有 两 个 家 ，一 个 养 四 婶 ，一 个

yǎng Zhāng Bìxiù.　　Tā hé wǔ bà yíyàng, huāqián rú shuǐ,
养 张 碧 秀 。 他 和 五 爸 一 样 ，花 钱 如 水 ，

zuòchīshānkōng, tiándì yě kuàimàiguāng le.　　Wǒmen hěn shǎo
坐 吃 山 空 ，田 地 也 快 卖 光 了 。 我 们 很 少

yǔ tāmen láiwǎng."
与 他 们 来 往 。”

　"Chén yítài háishi yì shēn xiāngqì.　　Liù dì chéngtiān [2]
“陈 姨 太 还 是 一 身 香 气 。 六 弟 成 天 [2]

gēnzhe tā, búshì kànxì, jiùshì shàng guǎnzi [3], tīngshuō
跟 着 她 ，不 是 看 戏 ，就 是 上 馆 子 [3]，听 说

1. 瘾：addiction

2. 成天：all day long

3. 上馆子：to go to a restaurant

只有四婶跟她有来往。"

"说到我自己，我要告诉你们，上个月我已经按三爸遗命，将翠环收房了。现在我每天教她读书写字。她待我很好，我也很喜欢她。三婶还收她做了干女儿❸，妈当她是儿媳妇，二弟、琴妹、三妹都喊她嫂嫂，一家人过得很和睦[1]。"

"近来商业场虽在动工重建[2]之中，只是我已辞[3]去职务[4]。搬出老宅[5]以后，我每天就是走走亲戚，读读书。我知道自己过去是错了，现在也还没有你和二弟那样的大志。不过请你们不要因为我没有出息就抛弃[6]我。其实我的上进之心并未死去。"

1. 和睦：harmony
2. 重建：to rebuild
3. 辞：to resign
4. 职务：post
5. 宅：house
6. 抛弃：to discard

Cóng juéxīn de xìn li, wǒmen kěyǐ kànchū Gāo jiā
从 觉 新 的 信 里，我 们 可 以 看 出 高 家

de dàjiātíng shì bēngkuì le, zhè hǎobǐ shēnqiū shíjié,
的 大 家 庭 是 崩 溃[1] 了，这 好 比 深 秋 时 节[2]，

kūyè fēnfēn luòdì, dàn shēngmìng zhī shù bìng wèi jiù cǐ
枯 叶 纷 纷 落 地，但 生 命 之 树 并 未 就 此

sǐ qù, nà zhòngduō de, xīnshēng de lǜyè dìng jiāng méng-
死 去，那 众 多[3] 的、新 生 的 绿 叶 定 将 萌

fā chūlái. Qín de huà shì duì de: "Qiūtiān guòqù le,
发[4] 出 来。琴 的 话 是 对 的："秋 天 过 去 了，

chūntiān jiù huì lái de."
春 天 就 会 来 的。"

1. **崩溃**: to collapse
2. **时节**: season
3. **众多**: numerous
4. **萌发**: to bud; to sprout

Tips

❶ 表弟妹：弟妹 means one's younger brother's wife. 表弟妹 means wife of one's younger cousin.

❷ 收房：The master taking in his servant maid as a concubine in the old days.

❸ 干女儿：Nominally adopted daughter.

Questions

1. 高公馆卖掉以后，高家的情形怎样了？
2. 谈谈你对觉新这个人物的看法。

秋
Autumn

ISBN 978-7-80200-391-0
定价:39.00 元(附 MP3)

Family

This is an abridged version of the first of the trilogy *The Torre Family, Spring, Autumn,* masterpiece of Ba Jin, one of the g writers of modern Chinese literature. The trilogy recounts the dec of a large feudal family following the May Fourth Movement of 19 Using the conflicts among three generations of the Gao family as main threads, *Family* exposes the darkness and decadence of the fe society. The author relentlessly castigates the hypocritical malicious feudal apologists such as the Venerable Masters Gao Feng, eulogizes Gao Juehui and others of the awakening yc generation who rebel against feudalism, and expresses deep symp for those who became victims of feudal moral ethics.

The abridged version, approximately 1/10 of the original, can be by elementary level students of Chinese with a 2,000-word vocabu or can be used as an aid to reading the original. Each chapte followed by a list of words and commentary notes both in Chinese English, and several study questions.

ISBN 978-7-80200-392-7
定价:39.00 元(附 MP3)

Spring

This is an abridged version of the second of the trilogy *The Torre Family, Spring, Autumn,* masterpiece of Ba Jin, one of the great wr of modern Chinese literature. The trilogy recounts the decline large feudal family following the May Fourth Movement of 1919.

The Gao Family, a stronghold of feudal ethics, is shaken by awakening new generation. Shuying, once so weak, has escaped fro doomed marriage; Juemin becomes a radical. These are signs of spr a spring full of life, full of joy.

The abridged version, approximately 1/10 of the original, can be by elementary level students of Chinese with a 2,000-word vocabu or can be used as an aid to reading the original. Each chapte followed by a list of words and commentary notes both in Chinese English, and several study questions.

The Besieged City

围城

Intended for learners of Chinese as a second language, this is an abridged version of the novel by Qian Zhongshu, a renowned writer, scholar, and classical Chinese expert.

With the hero Fang Hongjian's experience as the subject, the novel depicts the wretched and humdrum life of some intellectuals in a morbid society during the War of Resistance Against Japan. Lacking in motives and ideals, they seem to be locked in a besieged city unable to free themselves.

Maintaining the major plots true to the original, the abridged version presents approximately one-sixth of the original 230,000 Chinese characters.

ISBN 978-7-80200-390-3
定价:38.00 元(附 MP3)

中国古诗百首读

100 Ancient Chinese Poems

Ancient Chinese poetry has delighted and moved readers throughout the ages. Now this anthology offers foreign students of Chinese at their intermediate level the means to discover at first hand the beauty and consummate artistry of this fascinating body of verse.

The anthology is centred on the Tang poems, but works of other dynasties are also included.

A unique feature of this book is the provision of pinyin phonetic transcriptions. This will ensure that reader have a clear understanding of the tone patterns, so vital to the appreciation of Chinese verse.

Every poem is furnished with a commentary, notes on the language, and information about the author.

Professor Xu Yuanchong of Peking University and Professor Wang Rongchong of Zhejiang University have translated those poems into English. For the convenience of the readers, a companion CD in MP3 format is provided. Mr. Tie Cheng and Madam Li Jiang, renowned broadcasters at China National Radio, read these poems with their enchanting voices and add glamour to this anthology.

ISBN 978-7-80200-395-8
定价:39.00 元(附 MP3)

责任编辑：陆　瑜
英文编辑：郭　辉　顾　珺
封面设计：古　手
印刷监制：佟汉冬

图书在版编目(CIP)数据

秋/施光亨，卢晓逸改写、注解.—北京：华语教学出版社，2008
(中国名著简读系列)
ISBN 978-7-80200-393-4

Ⅰ.秋… Ⅱ.①施…②卢… Ⅲ.①汉语–对外汉语教学–语言读
物②长篇小说–文学欣赏–中国–现代 Ⅳ.H195.5 I246.5

中国版本图书馆 CIP 数据核字(2008)第 009390 号

秋

巴金　原著

施光亨　卢晓逸　改写、注释

鲁健骥　注释英译

*

ⒸＣ华语教学出版社
华语教学出版社出版
(中国北京百万庄大街 24 号　邮政编码：100037)
电话:(86)10-68320585
传真:(86)10-68326333
网址:www.sinolingua.com.cn
电子信箱:fxb@sinolingua.com.cn
北京外文印刷厂印刷
中国国际图书贸易总公司海外发行
(中国北京车公庄西路 35 号)
北京邮政信箱第 399 号　邮政编码 100044
新华书店国内发行
1987 年(40 开)第一版
2008 年(32 开)第二版
(汉英)
ISBN 978-7-80200-393-4
9CE-3869P
定价：42.00 元